农村干部教育·农村经济综合管理系列图书

NONGCUN YINGYONGWEN XI

农村应用文写作实务

（下）

—— 礼仪、生活、经济及法律文书

梁承忠　徐　涛　主编

化学工业出版社

·北京·

《农村应用文写作实务》（下）是农村干部教育·农村经济综合管理系列图书之一，是编者针对新时期农村干部群众的实际需求，在多年从事农村干部继续教育应用写作教学经验的基础上编写而成的。

　　《农村应用文写作实务》分上、下两册，本书是下册，内容主要包括：农村礼仪文书、农村生活文书、农村经济文书、农村法律文书，共三十六种文书。本书以用定编，以用定教，学以致用，追求实效，易学易懂，具有较强的针对性、实用性、可读性，对提高广大农村干部群众和中等农业职业院校学生的应用文阅读与写作能力具有重要的作用。

　　本书可作为新农村干部群众教育与培训、各类农业职业院校涉农专业教材，也适合广大读者使用或参考。

图书在版编目（CIP）数据

农村应用文写作实务．下/梁承忠，徐涛主编．
北京：化学工业出版社，2016.10（2022.11重印）
（农村干部教育·农村经济综合管理系列图书）
ISBN 978-7-122-28095-4

Ⅰ．①农…　Ⅱ．①梁…②徐…　Ⅲ．①汉语-应用文-写作　Ⅳ．①H152.3

中国版本图书馆 CIP 数据核字（2016）第 223015 号

责任编辑：迟　蕾　李植峰　　　　　　装帧设计：刘丽华
责任校对：边　涛

出版发行：化学工业出版社（北京市东城区青年湖南街 13 号　邮政编码 100011）
印　　装：北京科印技术咨询服务有限公司数码印刷分部
710mm×1000mm　1/16　印张 12½　字数 199 千字
2022 年 11 月北京第 1 版第 2 次印刷

购书咨询：010-64518888　　　　　　售后服务：010-64518899
网　　址：http://www.cip.com.cn
凡购买本书，如有缺损质量问题，本社销售中心负责调换。

定　　价：38.00 元　　　　　　　　　　版权所有　违者必究

农村干部教育·农村经济综合管理系列图书

编审委员会

《农村应用文写作实务》（下）编写人员名单

主　　编　　梁承忠　徐　涛

副 主 编　　张　凯　耿鸿玲　王家军　周　萍　朱永红

编写人员　（按姓名汉语拼音排序）

　　　　　　耿鸿玲　梁承忠　刘金柱　唐巍巍　王家军

　　　　　　徐　涛　张　凯　周长福　周　萍　朱永红

———— >>> **序**

　　我国现在已经进入全面建成小康社会的发展阶段，农村正在全面实现农业现代化，农村的发展在一个很长的阶段是全国工作的重点。党和国家十分关心和重视农村、农业和农民问题，制订了一系列扶持农村发展的优惠政策。农村基层干部是党和国家政策的贯彻者、执行者，他们是党和国家联系农民群众的桥梁和纽带，他们素质的高低直接影响着农村发展的速度和农村的稳定。加强对农村基层干部系统的教育与培训是提升农村干部素质的重要手段和途径，为此山东省济宁市委组织部、山东省济宁市教育局、山东省济宁市高级职业学校、山东省济宁市农村干部学校、山东省济宁农村干部学院会同化学工业出版社组织编写了农村干部教育·农村经济综合管理系列图书。这对于丰富完善农村干部学历教育、提高农村干部的素质和业务能力具有重要意义。

　　这套图书是在总结十几年农村干部教育的改革创新实践经验的基础上编写的，同时吸收了山东省济宁市高级职业学校承担国家第三批改革发展示范校建设任务的有关成果。这套图书在编写时紧紧围绕当前农村党员干部队伍建设中存在的领导能力、致富带富能力、服务群众能力的提升需求，能够帮助农村基层干部改善工作方式方法，有助于培养优秀的农村党员干部和致富带头人。

　　这套图书内容十分丰富，涵盖了农村管理沟通实务、农村经纪人、农民专业合作社和家庭农场管理实务、农村应用文写作实务与农村社区文体等，都是当前农村工作中急需的知识和能力，针对性、实用性、操作性都很强。图书编写体例适应农村干部的特点，按实际工作任务划分模块，精心挑选了丰富的案例并进行分析，内容充实、通俗易懂、文字简洁，注重实用性、规范性，是一套在理念和体系上大胆创新的好图书。希望广大农村干部和农村经济综合管理工作者在使用这套图书时，提出宝贵意见和建议，我们将在再版修订时积极采纳。

农业是国民经济的基础，农民是我国人口的主体。没有农民的小康，就没有全国的小康；没有农业的现代化，就没有全国的现代化；没有农民能力素质的提高，就没有国民素质的整体提高。

我国现有约 60 万个行政村，400 多万名村干部，居住在乡村的人口约为 67415 万人，占全国人口总数的 50.32%（第六次人口普查结果）。社会主义新农村建设的深入推进，为新农村干部群众施展才能、大显身手提供了良好的机遇，同时也对他们的素质和能力提出了更多、更高的要求。农村干部如何在自己的领导岗位上有效地贯彻执行国家的路线、方针、政策，组织和指导村民自治，提高领导水平，增强领导能力，是村干部十分关注和迫切需要了解的问题，也是关系到农村发展的根本性问题。广大农民群众如何发展经济、提高生活水平、提高自身素质以适应新农村建设需要、适应社会发展需要，同样是关系到农村发展的重大问题。

我们在总结多年来开展农村干部继续教育中应用文写作课程教学改革经验的基础上，根据我国有关的方针、政策和 2012 年 7 月 1 日起施行的《党政机关公文处理工作条例》及相关要求，结合新形势下应用文写作的新变化和教学实践中学生的反馈意见，编写了本书。本书紧紧围绕农村干部群众所应具备的应用文写作素质和能力，根据农村干部群众工作和生活的实际需要进行内容编排，旨在为社会主义新农村建设培养有素质有能力的人才。

本书共有六大类文书、一个专题，分上、下两册。上册主要有绪论、农村公务文书、农村事务文书以及村民选举专题；下册主要有农村礼仪文书、农村生活文书、农村经济文书和农村法律文书，皆为常见常用的应用文书，为广大农村干部群众和读者提供了很好的借鉴和学习材料。

为了达到实用易学的效果，本书设计了情境导入、实例阅读、必备知识和思考题四个板块：由现实生活中的实际问题导入，然后列举有代表性的农村应用文实例，提供较为科学、具体、系统的必备理论知识，最后是几个重点问题。必备知识包括概念、特点、种类、作用、格式与写法、写作注意事项和写作要求等内容。

从编写形式和内容的角度来说，本书力求适应新农村干部群众的实际情况；从编写目的的角度来说，本书以"用"定"编"，以"用"定"教"，学以致用，追求实效，以切实达到实用之目的，具有较强的针对性、实用性、可读性。本书是提高广大农村干部群众常用常见应用文阅读与写作能力的创新教材，适用于农村干部群众继续教育、中高等农业职业教育和短期培训等。

本书上册由周萍任主编，李利昌、郑倩、梁岩任副主编，徐涛、梁承忠、李传伟、刘峰和朱永红等也参加了部分内容的编写。下册由梁承忠、徐涛任主编，张凯、耿鸿玲、王家军、周萍、朱永红任副主编，刘金柱、周长福和唐巍巍也参加了部分内容的编写。

由于编者水平有限，书中难免存在疏漏与不足之处，欢迎广大读者批评指正，以便进一步修订完善。

编者
2017 年 6 月

目 录

第四章

礼仪是礼节和仪式的总称。礼仪文书是个人、单位、团体、地区乃至国家处理公共关系和进行社交活动所使用的一种用以传递信息、沟通感情、表达礼节、交流思想和协调工作的具有较固定格式的文书。它是使用最简单、最频繁、最普遍的交际工具。

礼仪文书的种类很多，涵盖了工作、生活等方方面面，本章主要介绍请柬、欢迎词、贺词、贺信、证婚词、答谢词、表扬信、感谢信、慰问信、讣告和悼词。

第一节 请 柬

情境导入

随着城乡一体化的进程，桃花镇桃花村村民转入城镇。2015 年 6 月，村民×××在桃花镇新城区光明路黄金地段开了一家连锁生态农产品超市，拟择 6 月 8 日正式开业，并邀请一些有关人士和朋友参加开业典礼。

你知道请柬怎么写吗？

实例阅读

【例文】

（封面）

第×届新疆农产品展销会 开幕仪式 请　柬

（内页）

请　柬

尊敬的×××先生/女士/小姐：

　　第×届新疆农产品展销会开幕仪式定于××××年 10 月 25 日（星期三）上午 9：30 在乌鲁木齐会展

中心××馆（乌鲁木齐市××路××号）举行。诚邀您届时莅临指导。

第×届新疆农产品展销会组委会

××××年 10 月 18 日

（敬请持本柬的贵宾于上午 9：00 准时到会展中心贵宾休息室签到）

（或内页）

请　柬

诚邀您出席第×届新疆农产品展销会

开 幕 仪 式

　　时间：××××年 10 月 25 日（星期三）

　　　　　上午 9：30

　　地点：乌鲁木齐市××路××号

　　　　　乌鲁木齐会展中心××馆

第×届新疆农产品展销会组委会

××××年 10 月 18 日

（敬请持本柬的贵宾于上午 9：00 准时到会展中心贵宾休息室签到）

 必备知识

一、请柬的含义

　　请柬是邀请团体或个人参加比较隆重的典礼、会议或某种有意义的活动（如开业、校庆、结婚等）时庄重地通知对方而发出的书面通知。请柬又称请帖。

　　发请柬一是为了表示对客人的尊敬，二是表明邀请者的郑重态度，所

以请柬在款式和装帧设计上应美观、大方、精致，使被邀请者感受到主人的热情与诚意，感到喜悦和亲切。

二、请柬的特点

1. 艺术性

现在社会上广泛使用的请柬，一般很注意外观设计，制作精美、大方，很有艺术性。如图案装饰、字体运用、色彩搭配等，适应了当代人的审美趣味。

2. 亲递性

请柬一般采用主人或派专人递送的方式，以示诚意、对被邀请者的尊重和体现活动的庄重性。

三、请柬的写法

现在通行的请柬形式有双柬帖与单柬帖两种：双柬即双帖，将一张纸折成两等分，对折后成长方形；单柬帖即单帖，用一张长方形纸做成。

无论双帖、单帖，帖文的书写或排版款式均有横排、竖排两种，横式的请柬，封面、封里都要横写；竖式的，封面和封里都要竖写，并且从右边向左边写。

在内容上请柬一般由标题、称谓、正文、敬语、落款等几部分组成。

1. 标题

在封面上写"请柬"（请帖）二字。需要说明的是，通常请柬是印制好的，发文者只需填写相应的内容即可，所以封面也已往往直接印上了名称"请柬"或"请帖"字样。

2. 称谓

在封里，要顶格写出被邀请者的姓名，姓名要全称，姓名后加上职务或敬称。如"×××书记"、"×××先生"、"×××女士"等，称呼后加上冒号。

3. 正文

正文通常用"兹定于……"、"特定于……"或"谨定于……"等作为开头，正文主体部分要交代清楚相关活动的内容、时间、地点及需要注意的相关事项。如果是请人看戏或其他表演还应将入场券附上，若有其他要求也需注明，如"请发言"、"请表演节目"等。

4. 敬语

结尾要写礼节性问候语或恭候语等敬语，通常用"恭请光临"、"敬请莅临指导"、"若蒙光临，不胜荣幸"、"致以——敬礼"、"顺致——崇高的敬意"、"敬请光临"等作为结束语。

5. 落款

横式请帖写在正文右下角，竖式请帖则在正文左下角。写发出请柬的单位名称或个人姓名，并在之下（横式）或之左（竖式）署明日期。

四、中式婚礼结婚请柬

1. 中式结婚请柬的写法

中式结婚请柬与一般请柬在内容、格式上基本相同。仅有一些细节地方稍有不同，需要注意。

① 在婚礼请柬的封面上，有时也会出现"敬邀"字样，这时，需要在"敬邀"之前写上邀请者的姓名，如新郎新娘的姓名、新人父母的姓名等，表示是由谁邀请的。"敬邀"之后不用写字。

② 在婚礼请柬封里的称呼上，有的中式婚礼请柬在称呼前加"送呈"二字，在称呼后加"台启"二字，意思是递送给（邀请）某人打开。"台启"之后不写字。如果邀请对方全家，就在名称后加写"全福"，如果请夫妻二人则写"双福"，如果分别写清邀请人的姓名，则要注意用"和"字或"暨"字连接，不要使用"、""，"这类的标点符号。

③ "谨定于"后面书写上大写的婚礼年月日日期，在"公历、农历"上可以并排竖写上两个日期，也可以划去其中一个，只填写农历或公历日期。建议日期均用中文大写数字填写。

④ "为×××举行"此行在"为"字后写新郎新娘的姓名，例如："×××先生 ×××小姐"新郎新娘名称并排竖写，以表示平等。如是父母发送请柬，则在"为"字后写上"小儿 ××× 爱女 ×××"；在"举行"之后，一般会写上"结婚典礼"或"结婚典礼敬备喜筵"表示邀请宾客参加婚礼的典礼，并且同时准备了婚礼宴席。

⑤ "恭请光临"为敬语，如同"此致 敬礼"一般，所以，在"恭请光临"前后都不需要写字。

⑥ "席设"之后写上婚礼举办的具体地点，如香格里拉大酒店二层宴会厅。

⑦"时间"后应写上宾客入场的具体时间，如上午九点三十分，这个时间一般设定在婚礼开始前的30分钟左右。

2. 中式结婚请柬的基本格式

（封里）

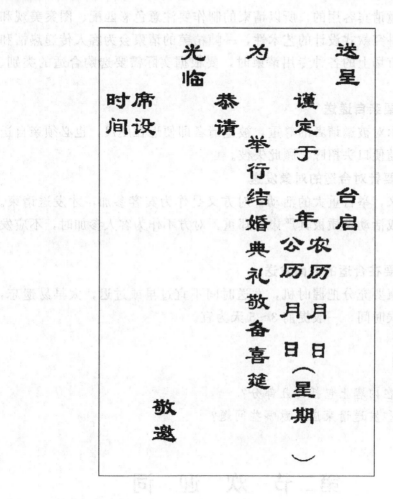

五、请柬制作和发送的注意事项

1. 内容要准确无误

请柬一定要准确地告知活动的内容、时间、地点等要素。在多数情况下，时间一般精确到半小时，地点精确到具体的场馆位置。另外，如涉及一些重要的备注事项，如联系人、联系电话、交通路线、食宿地址，有的活动还需携带请柬作为入场凭证，则需要在内容事项中注明。发出前还要认真核对，以免因错失礼。

2. 措词务必简洁明确、文雅庄重、热情得体

突出一个"请"字，所以在具体行文的时候，语气应是热忱的、谦恭的，不得使用"必须"、"不得有误"等带有强制性的词语。

3. 请柬要精美大方

请柬是邀请宾客用的，所以请柬的制作要注意色彩匹配、图案美观和书写工整，讲究款式设计的艺术性，一帧精美的请柬会为客人传递热情和快乐。选用市场上的各种专用请柬时，要根据实际需要选购合适的类别、色彩和图案。

4. 请柬要亲自递送

为了表示对被邀请者的尊重，被邀请者即便近在咫尺，也必须亲自送请柬，切忌随便口头招呼，顾此失彼。

5. 请柬要针对合适的对象发送

一般说来，举行重大的活动，对方又是作为宾客参加，才发送请柬。平常聚会，或活动性质极其严肃、郑重，对方不作为客人参加时，不应发请柬。

6. 请柬要在合适的时间发送

发送请柬要充分把握时机，发送时间不宜过早或过迟，太早易遗忘，太迟难免贻误时间，一般提前3～5天为宜。

思考题

1. 请柬在内容上包括哪几部分？
2. 制作和发送请柬应注意哪些问题？

第二节　欢　迎　词

情境导入

昌盛乡红旗村村办企业红旗蔬果有限公司拟于××××年8月9日在昌盛乡××文化广场举行10周年庆典活动，宣传处负责策划组织整个庆典活动。

如果你是宣传处庆典活动策划人，根据庆典活动怎么写欢迎词？

 实例阅读

【例文】

欢 迎 词

女士们、先生们、朋友们：

值此××农副产品加工集团公司 20 周年庆典之际，请允许我代表××农副产品加工集团公司，向远道而来的贵宾们表示热烈的欢迎。朋友们不顾路途遥遥专程前来贺喜并洽谈农副产品加工合作事宜，为我公司 20 周年庆典增添了一份热烈和祥和的气氛，对此我由衷地感到高兴，并对朋友们为增进双方友好关系作出的努力，表示诚挚的谢意！

今天在座的各位来宾中，有许多是我们的老朋友，我们之间有着良好的合作关系。公司成立 20 年能取得今天的成绩，离不开老朋友们的真诚合作和大力支持，对此，我们表示由衷的感谢。

同时，我们也为能有幸结识来自全国各地的新朋友感到十分高兴，并希望能与新朋友们密切协作，发展相互间的友好合作关系。

"有朋自远方来，不亦乐乎"。在××农副产品加工集团公司 20 周年庆典之际，在新朋老友相会之际，请让我代表公司全体员工再次以热烈的掌声，向老朋友、新朋友们表示欢迎！

致词人：×××

××××年×月×日

 必备知识

一、欢迎词概念

欢迎词是在迎接宾客的仪式上或在座谈会、酒会、宴会上，主人对宾客的到来表示热烈欢迎的礼仪文书。

二、欢迎词的特点

中国作为礼仪之邦，自古便讲求待客之道。礼仪性和情感性是欢迎词的最大特点，在特定场合表达对于客人和来宾的礼节和特定情感。通常用礼貌的言辞和充沛的情感来营造一种热烈、友好的氛围，往往当众宣读。欢迎词有以下特点。

1. 欢愉性

中国有句古话是"有朋自远方来，不亦乐乎"，所以致欢迎词当有一种愉快的心情，言词用语务必富有激情和表现出致词人的真诚，欢迎气氛应热烈饱满，而不是一般的应酬客套之词。只有这样才可给客人一种"宾至如归"的感觉，为下一步各种活动的完满举行打下好的基础。

2. 口语性

欢迎词要由致词人在欢迎仪式、宴会或其他场合上当面向宾客口头表达，所以口语化是欢迎词文字上的必然要求，在遣词用语上要运用生活化的语言，既简洁又富有生活的情趣。口语化会拉近主人同来宾的亲切关系。

三、欢迎词的写法

一般由标题、称谓、正文、结语、落款五部分组成。

1. 标题

标题一般由致词人、致词场合、文种三个要素构成，如"广东省省长×××在××会议开幕式上的欢迎词"，有时也可省略致词人，只写"在××上的欢迎词"，或直接写"欢迎词"三字。正式的场合或报刊刊登常用前两种形式。欢迎词一般都是当众宣读内容，并不直接宣读标题。

2. 称谓

根据情况，可以是具体姓名，也可以用统称。人名要用全名，不可省略，统称"女士们、先生们"、"各位来宾"、"各位领导、各位来宾"等，必要时也可在之前加上"尊敬的"、"敬爱的"、"亲爱的"等前缀，在后面加上头衔、称呼。称谓后加冒号。

3. 正文

欢迎词的正文内容主要有两个方面。

① 开头表达欢迎的意思，写明致词者在什么情况下以什么身份、代表谁、对谁表示欢迎。

② 接着可以介绍宾客的主要情况，如领导职务、工作成绩、学术造诣等；写来访或召开此次会议的目的和意义，或简单回顾双方交往的历史，并表明愿意继续合作的意愿；对过去合作成就的回顾或对此次活动的希望等。

4. 结语

结语再一次表示感谢并预祝对方的来访能够取得圆满的成功。如"我衷心地祝愿同志们身体健康，访问期间生活愉快"等。

5. 落款

在正文右下方写上致辞的机关、人名和日期。如果在标题中已经表明，此处可以略去。

四、欢迎词的写作要求

① 根据主客之间的相互关系（或上下级或平级或不相隶属）以及欢迎的具体时空场合，准确定位欢迎时的交际立场，在措辞中注意表现出恰如其分的情感浓烈程度。

② 欢迎词要热情大方、不卑不亢。欢迎词一方面要使对方感到亲切、友好，内容上针对双方的交往只侧重具有积极正面意义的方面，具有很强的礼仪性。一般不在此讨论双方的分歧和重大差异。如果要面对双方有分歧的问题，要坚持原则立场，不能迁就，应婉约友好地表达出自己的原则，不至于造成令人不愉快的场面。

③ 欢迎词是在特定场合当众宣读的，因此，语言要简短，尽量合乎口语，语句要准确，不能出现有歧义的字词，用词用字应当晓畅通俗，符合生活中口语的使用规范，同时要力求生动。

④ 篇幅不宜过长，避免套话、空话，避免内容空洞，否则听者容易产生倦怠感，也影响有关的活动议程。除特殊场合，一般控制在 3～5 分钟。

思考题

1. 欢迎词有哪些特点？
2. 欢迎词的正文一般包括哪几部分？

第三节　贺词、贺信

 情境导入

如果你是××乡镇企业××果蔬加工集团公司的老总，新年到来之际，怎样向全体员工发表新年贺词？

如果你是××村村长，新年到来之际，怎样向全体村民发表新年

贺词？

实例阅读

【例文】

（领导）婚礼贺词

各位来宾、各位朋友们：

今天我们在这里欢聚一堂，共同祝贺×××、×××两位同志的新婚大喜，请允许我代表各位来宾，向两位同志的新婚表示衷心的祝贺，同时也代表两位同志，向今天参加婚宴的各位来宾表示衷心的感谢！

经过几年来的共同工作，从相识、相知、相爱，到更加深入地了解，今天他们终于走到了一起，步入新婚的殿堂。这是一个喜庆的日子，一个让我们在座的各位值得庆贺的日子。同时，也借此机会，向两位同志提出几点希望：

一是新婚之后，希望你们要孝敬父母，报答父母的养育之恩。二是希望你们在新婚的生活中，要互敬互爱，互谅互让，共同创造你们的幸福生活。三是希望你们在今后的工作中，要以新婚之喜为契机，在各自的工作岗位上，刻苦钻研，努力工作，相互支持，用出色的业绩为××事业做出更大的贡献。

最后，让我们以热烈的掌声，再次对×××同志和×××同志的幸福结合，表示最真诚的祝贺！

谢谢大家！

必备知识

一、贺词

1. 贺词的概念

在喜庆的仪式上所说的表示祝贺的话，就称为贺词。

贺词是祝贺喜庆之事的一类文书。以函件形式送达的贺词通常叫作贺信，借助电报发出的贺词通常称作贺电。贺信、贺电都是贺词，贺年片也属贺词范畴。

2. 贺词的特点

① 贺词种类繁多，风格多种多样。根据不同的场合和节日用不同的贺词，如乔迁贺词、升学贺词、企业贺词、新春贺词等。

② 贺词是在一定社交场合当众宣读发表、直接陈述祝贺的感情和希望，具有现场感。

③ 贺词语言热情、明朗，切合身份，能活跃气氛，鼓舞人心，激发感情，增强相互之间的情谊，激励人们进一步加强团结与合作。

3. 贺词的格式与写法

贺词一般包括标题、署名、称谓、正文和落款等。

（1）标题

① 直接用文种作标题。一般是"贺词"、"祝词"、"祝贺词"。

② 事由加文种作标题，或在前面加上致词者的名字。如"新年贺词"或"×××致×××贺词"或"在×××上的贺词"。

③ 有的是双标题，正标题是揭示主题内容，副标题是事由加文种，这种形式较少使用。如《共同谱写和平、发展、合作的新篇章——2007年新年贺词》。

（2）署名 在标题下署上致贺词者的单位名称、职务和姓名，或将致贺单位名称列在祝语之后，也可在落款处署名。

（3）称谓 祝贺团体一般用泛称，如"各位代表、各位同志"、"同志们"、"各位领导"、"各位来宾"等。祝贺个人按一般书信的称谓。

（4）正文 这是贺词的主要部分。通常要写明祝贺的背景事由，祝贺的具体内容，祝贺什么，为什么祝贺，有的还要论及被祝贺的人和事的意义、影响，最后是表示祝颂、希望一类的言辞。写作时每层意思为一个段落。

（5）落款 在正文右下方署上致词者姓名或名称，然后在下方写上成文日期。如果标题下已经写上姓名、名称或时间，正文后边的落款就可以不写。

二、贺信

1. 贺信的概念

贺信是向取得重大成就、有突出成绩或喜庆之事的有关单位或人员表示庆贺的一种专门信件。

2. 贺信的特点和作用

因为贺信的写作目的在于向对方表示祝贺，因此篇幅不宜太长，它具有短小精悍、语言明快流畅、感情热烈真挚等特点。贺信可以寄（送）给对方，也可以在报刊上登载、在电台广播等。

贺信的祝贺范围很广，向个人表示庆贺的，如新婚、寿辰、取得优异成绩、国家领导人任职等；向集体表示庆贺的，如节日、重要会议、重要活动、重大事件、工作中取得有突出意义的成果等。重要的贺信往往对人们有很大的激励和教育作用，团体、组织、国家之间的贺信更有促进友谊、合作等公关效应。

3. 贺信的格式与写法

贺信一般由标题、称谓、正文和落款组成。

（1）标题　贺信的标题多用"贺信"或"祝贺信"标出。有的用事由加文种组成。

标题的字要大一些，要工整、大方。

（2）称谓　顶格写在标题下，后加冒号。

（3）正文　正文开始，可以根据情况，交代背景，说明祝贺的事由，然后简明扼要地写明祝贺内容，阐述被祝贺事物的有关意义、影响等。如果是祝贺重要会议的召开，应说明会议的重要性及重大作用。如果是祝贺寿辰，应简练、概括地说明对方的贡献和品德。有的根据需要向对方提出希望。最后要表达对对方的祝贺、赞颂及祝愿之情。

（4）落款　在右下方写发信单位或个人姓名，署名下边写时间。

4. 贺信的写作要求

① 感情真挚热烈，给人以鼓舞。

② 贺信内容要实事求是，评价要适当而有新意，避免陈词滥调。

③ 语言要精练、明快，通俗流畅，不堆砌华丽的辞藻，不言过其实，不空喊口号，篇幅力求短小。

思考题

1. 贺词有哪些特点？

2. 贺词、贺信有什么区别？

3. 贺词有哪些格式要素，怎么写？

第四节　证　婚　词

情境导入

李×和张×经过长达 6 年的爱情长跑，终于修成正果。××××年10月1日国庆节，他们将举办隆重的婚礼，他们决定委托他们爱情的见证人同时也是他们公司的一位德高望重的领导王××为证婚人。

如果你是这位领导，根据李×和张×的情况，这份证婚词怎么写，在婚礼仪式上宣读？

 实例阅读

【例文】

证 婚 词

各位来宾、各位女士、先生们、朋友们：

晚上好！

我受托为_____先生、_____女士做证婚人，感到非常荣幸。

今天，他们走进了婚姻的殿堂，在此，就让天地作证，让在座的各位长辈、各位来宾作证，_____先生和_____女士结为合法夫妻，宣告一个新的家庭诞生了！

新的家庭诞生，也就意味着在今后的岁月里承担着更多的责任与义务。希望你们要敬重双方的长辈，与兄弟姐妹团结友爱，与亲人们和谐相处；希望你们相互尊重，相互体贴。从今以后，无论经历多少风霜与雨雪，无论遇到多少困难与挫折，无论获得多少成功与喜悦，你们都要一心一意、忠贞不渝地爱护对方，尊重彼此，在人生的旅程中永远心心相印、患难与共、白头偕老、美满幸福。

最后，让我们在座的所有来宾们一起祝福：祝愿这对新人用爱情的双桨，将家庭这艘小船划向一生幸福的彼岸。

谢谢大家！

证婚人：×××

××××年×月×日

必备知识

一、证婚词的概念

证婚词是在结婚仪式上，当着前来参加婚宴的亲朋好友的面，为结婚人做证明的一种文书。

二、证婚词的特点

通过宣读证婚词，所有亲朋好友见证被介绍人的婚姻合法性。证婚词还

具有祝福性，祝愿双方组建幸福美满的家庭，祝愿双方恩爱白头、心心相印。

担任证婚人的，一般是亲朋好友、单位领导、新郎新娘的恩师，也可以是德高望重者或社会名人。

三、证婚词的格式与写法

证婚词一般包括标题、称呼、正文和落款四部分。

1. 标题

标题，直接写证婚词，写在第一行中间。

2. 称呼

针对各位亲朋好友、各位来宾、女士和先生来称呼，如"各位来宾、女士们、先生们、朋友们"，女士在前，先生在后，称呼后要加冒号。称呼要顶格写。

3. 正文

正文一般包括以下内容。

① 说明担任证婚人的缘由，即受谁之托。

② 描述担任证婚人的心情。

③ 介绍结婚对象双方的情况，宣读结婚对象的结婚证书，说明亲朋好友见证结婚对象的婚姻合法性。

④ 提出处理好家庭关系和干好事业等的希望。

⑤ 最后祝福婚姻。

4. 落款

在正文右下方，写证婚人姓名。署名之下写结婚日期。

📝 思考题

1. 一般委托什么人做证婚人来宣读证婚词？
2. 证婚词的正文一般写哪些内容？

第五节　答　谢　词

📖 情境导入

××××年×月×日，在马××和刘××新婚酒宴上，马××的父母代表家人向来宾、亲戚、朋友致新婚答谢词，答谢词诚挚温暖，感动了在场的所有人。

你知道哪些场合需要致答谢词吗？答谢词怎么写？

 实例阅读

【例文一】

在××村公路竣工剪彩庆典上的答谢词

尊敬的各位寓外乡友、各位领导、各位来宾：

你们好！

今天是2015年元旦，在大家喜迎新年的时候，我们××村举行水泥公路竣工剪彩庆典仪式。在此喜庆的时刻，我首先代表××村党支部、村委会和全村父老乡亲对远道而来的我村寓外乡友和各村场、各部门的来宾，向镇党委、镇政府的负责同志表示热烈的欢迎！

我们××村村组分布零散，人员居住分散，范围较大，早就应该修好全村的公路，但是由于地形复杂、又受经济条件的限制，一直无法着手。今年，我们村在国家的优惠政策指引下、在本村寓外乡友的大力支持下、在上级各部门的直接帮助下、在全村人民的共同努力下，终于修通了这样一条长达××公里、贯穿全村要路、连接丰和元通的水泥公路。不仅方便了本村群众的来往，而且使丰和、元通以及丰和渔场公路相连，方便了货物的流通和农产品的调出，这是我们村的一件大事，所以，我们××村群众感到格外高兴。我们在此衷心感谢国家的惠农政策、感谢寓外乡友的大力帮助，感谢镇政府和上级部门的大力支持！

多年来，我村很多寓外乡友时刻关注家乡变化，关心家乡发展。多次过问家乡的建设，多次叮嘱我们要建设好××村。不仅是问一问、说一说，而且用自己的实际行动支持家乡。现在，水泥公路已经修通，××村已经开始走上发财致富的道路。我衷心希望，××村的人民群众一定要永远记住各位乡友的大力支持，永远记住各位乡友热爱家乡的深情厚谊，永远记住各级领导的关心。同时，我也希望我村寓外乡友一如既往关心家乡的建设，支持家乡的发展，继续扶助我们，把××村建设得更加美好。我也衷心希望全村人民要更加努力、艰苦奋斗、发愤图强，把我们××村建设成为一个美好的社会主义新农村！

最后，我祝愿××村寓外乡友身体健康、事业鸿发、全家幸福、步步高升！

谢谢大家！

×××

2015 年×月×日

【例文二】

婚礼答谢词（男方父母）

各位来宾、各位亲朋好友：

今天，是我儿子×××同儿媳×××结婚的大喜日子。首先，我代表家人对各位嘉宾、亲戚、朋友的光临表示热烈的欢迎和诚挚的感谢！

作为新郎的父亲，对两位新人今天迈入婚礼的神圣殿堂感到由衷的高兴，希望他们从今以后，把领导们的关怀、长辈们的关爱以及亲朋好友的关心化成工作的动力，在各自的岗位上努力工作，携手并肩，比翼齐飞。也希望他们在今后的生活中，同甘共苦、互敬互爱、相互扶持、相互帮助、相互理解，在漫长的人生道路上共同筑造温馨、幸福、美满的家。希望他们把一颗真心献给朋友，一颗赤心献给国家，一颗爱心献给对方，一颗孝心献给双方老人。

作为新郎的母亲，她也有几句话托我转达给孩子们：第一，希望两人努力工作，做一个对国家有用的人，做一个有家庭责任心的人；第二，希望你们做普通人，干正经事；第三，希望你们心系一处，共同维护和完善你们的婚姻！

在这里，我还特别感谢我的亲家，他们培养了一个聪慧、漂亮的好女儿；我们也非常庆幸找到了一位贤惠、孝顺的好儿媳，请亲家放心，我们会把她当自己的孩子来对待，多关心多帮助她。

今天，为答谢各位嘉宾、亲朋好友的深情厚谊，我们借×××大酒店这块宝地，略备清茶淡饭，表达我们的一片真情，不周之处，还望各位海涵。

最后，祝各位来宾身体健康，万事如意，家庭幸福，事业兴旺！

谢谢大家！

必备知识

一、答谢词的含义

答谢词是对所得到的帮助、受到的礼遇、获得的授受表示感谢的一种礼仪文书。如主人或主办单位致欢迎词、欢送词，客人则要致答谢词；一方道贺、慰问，另一方就要答谢。答谢词是在某些特定场合，为了表达感谢而发表的一种讲话。

二、答谢词的适用范围

答谢词的适用范围比较广。就工作礼仪活动来说，主要有以下几种。

（1）答谢款待　一般在主人接待宴会上，对受到的热情接待和宴请表示感谢。

（2）答谢迎送。在欢迎、欢送仪式上，欢迎、欢送方负责人致欢迎词、欢送词，受到欢迎、欢送的一方代表就要致答谢词。

（3）答谢帮助　对帮助解决困难、接受捐赠的感谢。一般在捐赠仪式上，接受方负责人或代表要致答谢词，表达感激之情。

（4）答谢道贺　单位之间有些庆祝活动、庆贺仪式，为了感谢兄弟单位前来参加活动、仪式或其他形式的祝贺，需要在一定的场合表示感谢。

（5）答谢授受　单位团体或个人在受奖、受衔仪式上通过致答谢词表示感激之情。

三、答谢词的写法

答谢词的写法，结构上和欢迎词大体相同。一般包括标题、称谓、正文、结语、落款五部分。

1. 标题

写"答谢词"或"在×××上的答谢词"，有些还可以写上致词人，如"×××在×××上的答谢词"。

2. 称谓

写主人和主办单位负责人的姓名、职务和尊称，如"尊敬的×××总理阁下"、"尊敬的×××市长"等。通常在突出答谢主要对象后，再使用泛称以感谢其他人，如"尊敬的×××市长，远道而来的朋友们"、"尊敬的×××阁下，女士们、先生们"等。

3. 正文

正文是答谢词的主体，内容一般包括：

（1）开头　应先向主人致以感谢之意，再表示对参加本次活动或对发表讲话感到荣幸或高兴。

（2）主体　先是用具体的事例，对主人所作的一切安排给予高度评价，对主人的盛情款待表示衷心的感谢，对访问取得的收获给予充分肯定。最后，谈自己的感想和心情。

4. 结语

主要是再次表示感谢，有的对双方关系的进一步发展表示诚挚的祝愿。如"借此机会请允许我再一次向大家表示衷心的感谢"，"祝愿我们两国人民世代友好下去"。

5. 落款

致谢人姓名或团体名称，其下写日期。因为是口头表达，也可不写。

四、答谢词的写作要求

1. 突出感谢之情

答谢词的前后两次表达感谢以及字里行间通过"感谢"、"致敬"之类热情洋溢、充满真情的词语，表达真诚的谢意。

2. 注意照应欢迎词

主人已经致词在前，作为客人不能"充耳不闻"。答谢词要注意与欢迎词的某些内容照应，这是对主人的尊重。即使预先准备了答谢词，也要在现场紧急修改补充，或因情因境临场应变发挥。

3. 篇幅力求简短

欢迎词、答谢词都是应酬性讲话，而且往往是在一次公关礼仪活动刚开始时发表的，下面还有一系列的活动。因此篇幅要力求简短，不宜冗长拖沓。

📝 **思考题**

1. 答谢词的正文内容包括哪几部分？
2. 答谢词写作时应注意哪些要求？

第六节　表　扬　信

▽ **情境导入**

2015 年 6 月，十里营村民赵×因急性阑尾炎住进 D 市第一人民医院外科治疗。住院期间，责任护士小米吃苦耐劳，工作认真，给赵×以无微不至的照顾。赵×非常感动，病愈出院后，她给护理部写了一封表扬信。

你知道表扬信怎么写吗？表扬信适用哪些情况？

 **实例阅读**

【例文】

表 扬 信

××农机厂：

×月×日上午，我村村民代表×××到贵厂购买农用收割机，不慎丢失公文包一个，内有人民币叁仟余元和银行卡、身份证、发票等重要物件。回家发现后心急如焚，彻夜难眠。

贵厂职工×××，拾到公文包后，凭着包中物品提供的线索，主动将公文包送到我村村委会，使丢失的钱物完璧归赵，我们万分感激！

贵厂职工×××这种拾金不昧的高尚道德情操和精神风貌，令我们十分钦佩，值得大家学习。特写信向贵厂建议，请贵厂领导将×××的高尚行为广为宣传予以表扬。

　　此致

敬礼

××县××乡××村民委员会（章）

××××年×月×日

 **必备知识**

一、表扬信的概念

表扬信是用来表彰、赞扬集体或个人先进行为、事迹及所表现的思想品德的信函。它与嘉奖令、表扬性通报的区别在于它不是正式公文文种，没有正式公文的荣誉奖励效力。但表扬信足可以使受表扬者受到鼓舞，使广大群众得到教育，从而促进社会主义精神文明建设的发展。

二、表扬信的分类

从被表扬者的身份来看，表扬信可分为：

① 对集体进行表扬的表扬信。

② 对个人进行表扬的表扬信。

三、表扬信的特点

1. 弘扬正气，褒奖善良

表扬信要表扬的都是那些为社会作出贡献的单位或个人，通过表扬好人好事来发扬无私奉献、乐于助人的精神，形成一个良好的社会风气。

2. 表扬为主，兼顾感谢

表扬信一般均有感谢的成分，尤其是表扬的事迹同写信人有关时，更要在表扬信中表达出自己的谢意。

3. 发文的公开性

表扬信可以张贴、登报，也可以在电台播出、在电视台播放。

四、表扬信的写法

表扬信通常由标题、称谓、正文和落款四部分构成。

1. 标题

表扬信的标题一般直接写文种"表扬信"，写在第一行正中位置。

2. 称谓

表扬信的称谓是在开头顶格写上被表扬的机关、单位、团体或个人的名称、姓名。写给个人的表扬信，应在姓名之后加上"同志"、"先生"等字样，后边加冒号。若直接张贴到某机关、单位、团体的表扬信，开头可不必再写受文单位。

3. 正文

正文一般包括以下内容。

（1）交代表扬的理由　用概括叙述的语言，重点叙述人物事迹的发生、发展、结果及其意义。叙述要清楚，要突出最本质的方面，要让实事说话，少讲空道理。

（2）评价行为的意义　在叙事的基础上进行评价、议论，赞颂该人所作所为的道德意义。如指出这种行为属于哪种好思想、好风尚、好品德。

（3）表扬或建议表扬　该部分要提出对对方的表扬，或者向对方的单位提出建议，希望对×××给予表扬。如"×××同志的优秀品德值得大家学习，建议予以表扬"。

在结尾处也可写上"此致 敬礼"等结束用语。但"此致"、"祝"、

"谨表"、"向你"等字写在末尾，其余的字，要另起一行，顶格写。

4. 落款

在正文右下方写个人姓名或单位名称，下面写时间。

五、表扬信的写作注意事项

① 叙事要实事求是，对被表扬的人和事的叙述一定要准确无误，既不夸大，也不缩小。评价要实事求是，恰如其分。

② 要以事实为基础进行评价，要充分反映出对方的可贵品质，写动人事迹要做到见人、见事、见精神，不要以空泛的说理代替了动人的事迹。

③ 表扬信语气要热情、恳切，文字要朴素、精练，篇幅要短小精悍。

思考题

1. 表扬信有哪些特点？
2. 表扬信由哪几部分组成？

第七节　感　谢　信

 情境导入

学生王×于 2015 年收到了心中梦想大学的录取通知书，但是由于承担不起高额的大学学费，他和父母陷入绝望。后来红旗村村办企业红旗蔬果有限公司资助了他，使他有机会步入大学殿堂，继续学习文化知识。为了表达感谢之情，王×代表父母写了一封感谢信。

感谢信要怎么写？感谢信适用哪些情况？

实例阅读

【例文】

致驻村工作组的感谢信

尊敬的驻村工作组的领导：

　　您好！

　　我叫×××，是××乡××村村民。去年冬天，我家自来水管冻裂，到了今年4月份时，随着天气变暖，温度逐渐升高，管内的冰融化，水从管子裂口冒出地面，由于房屋都是土木结构，水越积越多，对我家和邻居家造成威胁。乡领导得知后，乡有关领导×××带领地区人社局驻村干部来到我家了解情况，制定出解决方案。

　　5月12日，×××等5名组员，对我家35米的自来水管道进行维修。他们自己出动挖掘机，把管道挖开后，更换了破损的管子，安装了新阀门和龙头，并且所有的费用都由他们来承担。

　　他们心系群众、为民办事的实际行动，感动了全家人，感动了全村村民。他们是人民群众的贴心朋友，他们是群众路线的践行者。借此，我代表全家、代表全村老百姓，向人社局驻村工作组所有成员表示衷心的感谢，对培养当代好干部的党组织表示衷心的感谢！

　　此致

敬礼

××村村民：×××

××××年×月×日

一、感谢信的概念

　　感谢信是在得到关心、支持、帮助后，向对方表示感谢的一种书信。

　　感谢信的寄送方式分三种情况：一是直接寄送给感谢对象；二是寄送给对方所在单位有关部门或在其单位公开张贴；三是寄送给广播电台、电视台、报社、杂志社等媒体公开播发。

二、感谢信的特点

1. 感谢对象的确定性

感谢信都有确切的感谢对象，以便让大家都清楚是在感谢谁。

2. 表述事实的具体性

感谢信的事由应该写得具体，否则就会显得抽象空洞。

3. 感情色彩的鲜明性

感谢信的主要目的就是表达感谢，所以感谢色彩非常鲜明，言语里充满感激之情，让对方感受到自己的真情实意。

三、感谢信的种类

感谢信依据不同的标准可以有不同的分法。

1. 按感谢对象的特点来分

（1）写给集体的感谢信　这类感谢信，一般是个人处于困境时，得到了集体的帮助，渡过了难关，摆脱了困境，所以要用感谢信的方式表达自己的感激之情。

（2）写给个人的感谢信　这类感谢信，可以是个人、单位或集体为了感谢某个人给予的帮助而写的。

2. 按感谢信的存在形式来分

（1）公开张贴的感谢信　这种感谢信可在报纸刊登、电台广播或电视台播报，是一种可以公开张贴的感谢信。

（2）寄给单位、集体或个人的感谢信　这种感谢信直接寄给单位、集体或个人。

四、感谢信的格式与写法

感谢信一般由标题、称谓、正文、敬语、落款五部分组成。

1. 标题

① 直接以文种"感谢信"为标题。

② 由感谢对象和文种组成，格式为"致×××的感谢信"。

③ 由感谢者、感谢对象及文种组成，格式为"×××致×××的感谢信"。

2. 称谓

写感谢对象的单位名称或个人姓名，如"××医院××科"、"×××同志"，后加冒号。

3. 正文

① 首先写明感谢对方的理由，即"为什么感谢"，准确、具体、生动地叙述对方的帮助，交代清楚人物、时间、地点、经过、结果等基本情况。

② 然后在叙事基础上对对方的帮助作恰当、诚恳的评价，以揭示其精神实质、肯定对方的行为。在叙述和评价的字里行间要自然渗透感激

之情。

③ 最后另起一行再次直接表达谢意。根据情况也可在表达谢意之后表示以实际行动向对方学习的态度。

4. 敬语

一般用"此致 敬礼"，"此致"前空两格，占一行；"敬礼"顶格，占一行。根据情况，有的也可不写。

5. 落款

文末右下方署明感谢者的单位名称或个人姓名，下面写时间。

五、感谢信的写作注意事项

① 事实要准确清楚。感谢信要准确、清楚地叙述被感谢者的事迹，如人物、时间、地点、经过、结果等，让对方接受感谢的缘由，也便于组织了解和群众学习。

② 情感要真实。感谢信正文的事迹必须真实，字里行间流露出的感激之情应是由衷的、真挚的、诚恳的，信中要洋溢着感激之情，使看到信的人都受到感染，但反对一切虚伪、应付、假装和客套。

③ 语言要简洁得体。感谢信语言要求精练、简洁。语言既要符合被感谢者的身份，又要符合感谢者的身份。遣词造句要把握好一个度，不可过分雕饰、华丽多彩，否则会给人一种虚伪、不实之感。

六、表扬信与感谢信的区别

表扬信与感谢信都含有对别人某种行为的肯定与表扬，二者又有一些区别。

1. 性质不同

表扬信主要是用来表彰、赞扬集体或个人先进行为、事迹及所表现的思想品德。感谢信是对别人的关心、支持和帮助向对方表示感谢。

2. 适用关系不同

表扬信可以由当事人写，也可由第三人写作；感谢信是受益的当事人来写，表达对对方的感谢之情。

🖋 思考题

1. 感谢信有哪些特点？

2. 感谢信的写作需要注意哪些事项？

3. 感谢信与表扬信有什么区别？

第八节 慰 问 信

 情境导入

每年的 3 月 8 日是国际妇女节，作为全县有名的先进村××村妇女主任王××和宣传员们在节日来临之际，策划了一系列的节日活动，有广场舞、唱歌、趣味游戏等活动，同时发放一些慰问品，当然慰问信是必不可少的，以此表达对全村妇女的节日慰问。

你知道慰问信怎么写吗？

实例阅读

【例文】

致全县农村基层干部的慰问信

广大农村基层干部同志们：

你们好！

一元复始，万象更新。值此新春佳节来临之际，中共××县委、××县人民政府谨向你们致以最亲切的问候和最美好的祝愿！

过去的一年，是我县在全面建设小康社会、构建和谐社会征程上大步前进的一年。全县广大党员、干部群众高举邓小平理论伟大旗帜，以"三个代表"重要思想为指导，认真贯彻落实党的十八大精神和区党委、市委的各项战略决策，全县呈现经济发展、政治安定、社会稳定、民族团结的良好局面，综合经济实力、人民生活水平和社会各项事业迈上了新的台阶。这些成绩的取得，凝聚着广大农村基层干部的心血。一年来，你们坚持贯彻落实党在农村的各项方针、政策，认真执行县委、县人民政府的各项决策、决定，团结和带领各族人民以农业增产、农民增收为目标，积极推进农村经济结构调整和农民脱贫致富奔小康的步伐。你们长年扎根基层，兢兢业业，任劳任怨，乐于奉献，为全县经济发展和社会进步作出了巨大贡献。县委、县人民政府感谢你们！全县各族人民感谢你们！

回首过去，我们倍感自豪；展望未来，我们信心百倍。××××年是

实现经济跨越式发展的关键年，我县农村工作的重点是扎实推进社会主义新农村建设，进一步加强"三农"工作。做强做大烤烟、八角、剑麻三大农业支柱产业，抓好特色种养示范基地建设，努力培植农业龙头企业，加强农村基础设施建设，加大农村扶贫工作力度，不断发展壮大第三产业，搞活城乡经济。新的目标新的征程，为广大农村基层干部提供了展示才华的广阔舞台，希望你们不负历史重托，再接再厉，勇挑重担，奋发图强，努力工作，为建设富裕文明的新××再立新功！

让我们振奋精神，团结一致，奋力拼搏，用我们的勤劳与智慧，共同绘制明天××县的美好蓝图！

恭祝大家新春愉快，身体健康，合家幸福，万事如意！

××县政府 县长×××

××××年×月×日

 **必备知识**

一、慰问信的概念

· 慰问信是以机关、团体、单位或个人的名义，对在某方面做出特殊贡献或遭遇巨大灾难、遇到重大意外损失的集体或个人，表示关切、致意、问候、鼓励或安慰、同情的一种书信。

它能体现组织的关怀、温暖，社会的爱心与支持，朋友、亲人的深厚友谊，给人以奋进的勇气、信心和力量。

二、慰问信的适用范围

慰问信主要适用以下几种情况。

① 可以慰问在各条战线作出贡献的集体或个人。如在抗灾救灾、保家卫国、建设国家中作出巨大贡献的人民解放军、公安干警及其他有关人员。

② 在节日来临之际对有突出贡献的集体或个人表示慰问。如"三八"节，向全国女同胞表示节日的问候和祝贺。

③ 对由于灾害、事故等原因而蒙受巨大损失、面临巨大困难的集体或个人表示同情、安慰，鼓励他们战胜困难，迅速改变现状。

三、慰问信的作用

慰问信的主要作用是慰问者向被慰问者表达关切、致意、问候、鼓励或安慰、同情的感情。通过慰问信，或赞扬，以表达崇敬之情；或同情，以表达关切、同情、安慰之意。从而达成双方的情感交流和相互理解。如节日的慰问，尤其是为某一群体而设的节日，"三八妇女节"、"教师节"、"护士节"等的慰问，更是起着相互沟通情感的作用。

四、慰问信的特点

① 发文的公开性。慰问信大多是以张贴、登报和在电台、电视上播放的形式出现的，是公开的。

② 情感的沟通性。情感沟通是慰问信的主要作用和特点，通过赞扬或同情，交流情感、互相沟通理解，从而达到情感共鸣的效果。

五、慰问信的格式与写法

慰问信一般由标题、称谓、正文、落款四部分组成。

1. 标题

① 可直接以文种"慰问信"为标题。

② 以慰问对象和文种名组成标题，格式为"给×××的慰问信"。

③ 由慰问双方和文种共同组成标题，格式为"×××致×××的慰问信"。

2. 称谓

顶格写被慰问的单位名称、群体称谓或个人姓名，如"全市环卫战线的同志们"，后加冒号。

3. 正文

正文要另起一行，空两格写慰问的内容，一般由发文目的、慰问缘由或慰问事项等几部分构成。

但不同类型的慰问信，其正文内容有所区别。

（1）慰问先进

① 开头是慰问缘由，说明代表何人向何人或何集体表示祝贺并致以亲切的慰问等。可用"欣闻……非常高兴，特表示祝贺并致以亲切的慰问"等语。

② 然后是慰问事项，写明取得的成绩及意义，并表示赞扬。

③ 最后勉励其再接再厉，继续前进，取得更大的成绩等。

（2）慰问受难者

① 开头写慰问缘由，遭遇的困难或损失，代表何人向何人或何集体

表示同情或慰问等。可用"惊悉……深表同情，并致以深切的慰问"等语。

② 然后着重写克服困难、战胜灾难的有利因素及给予的鼓励。

③ 最后写慰问者将为他们作贡献的决心及行动，并表示良好祝愿。

（3）节日慰问

① 开头概述节日意义及提出问候语。

② 然后赞扬有关人员所取得的成绩或所做的贡献，联系当前的形势阐述责任和今后的任务。

③ 最后提出希望，表达祝福。"祝"字后面的话应另起一行，空两格写，不得连写在上文末尾。

4. 落款

慰问信的落款要署上发文单位或发文个人的称呼，并在署名右下方署上成文日期。

六、慰问信的写作注意事项

① 写慰问信感情要真挚，要向对方表示出无限亲切、关怀的感情，使对方有一种温暖如春的感觉，从中得到慰藉与鼓励。

② 内容要较全面地概括对方的可贵精神，慰藉与鼓励，并提出希望，勉励他们继续努力，取得更大成绩。

③ 语气要诚恳、真切，语言要富有感染力，切忌用概念化套语而流于形式。

④ 措词要恰当，行文要简洁，篇幅要短小。

📝 思考题

1. 慰问信适用于哪几种情况？

2. 不同慰问信的正文如何写作？

第九节　讣告、悼词

 情境导入

讣告、悼词不仅表达生者对逝者的缅怀之情，同时也体现对逝者的尊

重，对生命的一种尊重。

制作这类文体，需要注意哪些问题？

实例阅读

【例文一】

1. 家属发布的讣告

讣　　告

×××（姓名），不幸于×年×月×日×时×分，因心脏病，抢救无效，在××医院去世，终年××岁。现定于×月×日×时，在××殡仪馆举行遗体告别仪式，敬请×××生前亲友莅临。

妻（夫）×××

儿子、女儿泣告

××××年×月×日

2. 单位发出的讣告

讣　　告

原×××总务处长、中共党员马××因病治疗无效，不幸于×年×月×日×时在××人民医院去世，终年××岁。兹定于×月×日×时，在××市殡仪馆举行遗体告别仪式，望马××生前亲友于×月×日×时在××门口乘车（或届时莅临）。

×××（单位）

××××年×月×日

3. 治丧委员会发出的讣告

讣　　告

原××大学校长×××同志，因心脏病突发，经抢救无效，于×年×月×日×时在××医院逝世，享年××岁。×××同志遗体告别仪式定于×月×日×时在××殡仪馆举行。

××大学×××同志治丧委员会

××××年×月×日

【例文二】

悼　　词

各位领导、各位来宾、各位亲朋好友：

在这个翠柏凝春、天人同悲的日子里，我们怀着无比沉痛的心情来到这里送别我们的一位挚友、一位朝夕相处的同事、一位英年早逝的教育界的精英××同志。

此时此刻，亲人掩面，朋友伤怀，同事哽咽。在此，请允许我代表××小学的全体师生及××镇全体教育界的同仁向××同志的亲属致以亲切的慰问！

我们无法相信，我们也不能相信这一沉重的事实。教室里他那活泼生动的话语，操场上他那舞动身躯的英姿，办公室他那奋笔疾书的身影……无一不浮现在我们眼前，曾经如此鲜活的他，怎么说走就走了呢？

往事依稀，泪眼朦胧。千言万语，道不尽我们对他的思念。

××同志生于××××年×月×日，××××年毕业于××师专（现××学院）同年被分配到××中学任教，其后又调入××中学，××××年调入××小学，担任教务主任至今。

对工作：他充满激情，工作勤恳，任劳任怨，大公无私。

对同事：他不存欺心，平易近人，谦虚谨慎，和蔼可亲。

对学生：他充满爱心，教书育人，爱生如子，德艺双馨。

对妻女：他饱含深情，寸草春晖，舐犊情深，相敬如宾。

对父母：他倾注孝心，箪食豆羹，仁义慈孝，常怀感恩。

树欲宁兮，风不止，子欲养兮，亲不待。长生百年岂足，哀哉天降不幸，竟然撒手长去，留下满目凄清，××同志走了，带着对美好人生的无限眷恋，永远地走了。从此，女儿失去了一个慈爱的父亲，妻子失去了一个温情的丈夫，父母失去了一个孝顺的儿子，学生失去了一个敬爱的老师，我们失去了一个好伙伴，××教育失去了一个才德兼备的好教师，高风传乡里，亮节启后人。他音容虽逝，但德泽永存。

人生自古谁无死，留作丹心照汗青。××同志43个年轮的人生之路是所有相知、相识人永远的遗憾、永远的伤痛。但是他对教育事业的忠诚、对工作的敬业、对老人的孝敬、对家庭的负责、对女儿的关爱、对朋友的坦诚，则永远铭记在亲朋好友的心中。青山永在，英名长留，让我们永远记住这样一位平凡而又伟大的人。

"事业未捷身先逝，常使英雄泪沾襟"，此时此刻，××中心初中的领导为你送行来了，××小学的同事们为你送行来了，兄弟学校的领导和同事为你送行来了，你的亲人为你送行来了，你的朋友和同学为你送行来了！

长歌当哭，逝者逝矣，生者善之。××同志，你就安心地去吧，要相信，你的女儿一定更坚强，亲友一定更和谐。

天堂路远，愿君一路平安。

××××年×月×日

 必备知识

一、讣告

1. 讣告的含义

"讣"原指报丧的意思，"告"是让人知晓。讣告就是行政机关、企事业单位、社会团体或个人将某人去世的消息向逝者的亲朋好友及相关人士发出的告知性文书。讣告也叫讣文、讣闻。

它是逝者所属单位组织的治丧委员会或者家属向其亲友、同事、社会公众报告某人去世的消息。讣告要在向遗体告别仪式之前发出，以便让逝者的亲友及时做好必要的安排和准备，如准备花圈、挽联等。讣告可以张贴于逝者的工作单位或住宅门口，较有影响的人物去世，还可登报或通过电台向社会发出，以便使讣告的内容迅速而广泛地告知社会。

2. 讣告的特点

讣告的特点主要体现在三个方面。

（1）庄重　辞世是人生的大事，任何一个人的辞世都是需要郑重对待的，所以讣告一定要写得庄严郑重，严肃认真。

（2）悲情　一个在本单位工作的同事去世了，这必然会引起人们的伤感，所以讣告的行文要语气沉重，感情哀婉，应在字里行间体现出悲悼的情绪。

（3）简洁　讣告不是悼念性散文，不必写得婉约曲折，相反，它要求文字简洁，言简意赅。

3. 讣告的种类

根据发布讣告的形式，讣告可分为：

（1）一般式讣告　这种讣告是日常生活中最常见、最普遍的一种，一般由逝者家属、逝者所属单位或治丧委员会发布。

（2）公告、宣告式讣告　这种讣告隆重、庄严。一般用于党和国家领导人和国内的重要人物或影响大的人物。它是由党和国家机关、团体作出决定发出的。

（3）新闻报道式讣告　这种讣告作为一则消息在报纸上公布，旨在让社会各界人士知道。这种讣告的内容和形式都很简单，但也有的报道得较详细。

4. 讣告的格式与写法

（1）一般式讣告

① 标题。在开头一行中间写"讣告"二字，或在"讣告"前冠上逝者的姓名，如"×××讣告"。字体要大于正文的字体。

② 正文

a. 写明逝者的姓名，身份，因何逝世，逝世的时间、地点，终（享）年岁数。终年是中性词，用于一般人去世，不带感情色彩，用法较为广泛；享年是敬辞，尊者去世称享年，一般用于领导、长辈或年岁较大的人。去世一般用于普通人；逝世一般用于领导和长辈。

b. 简介逝者生平，着重简略介绍逝者生前具有代表性的经历。

c. 通知殡葬的时间、方式，开追悼会的时间、地点、接送车辆安排等事宜。

d. 最后以"特此讣告"或"谨此讣闻"作结。

③ 落款。署明发讣告的团体或个人的名称，以及发讣告的时间。

（2）公告式讣告　一般由公告部分和其他文件（或消息）共同组成了一份完整的讣告。

公告式讣告的写作在内容上和一般式讣告基本相同，但在结构安排上有自己的特点，它主要由三大部分组成。

① 发布逝世的消息。标题常常用公告形式，在公告之前往往是写明发布者的单位名称，而讣告之前写逝者的姓名，在这一部分中还要对逝者作简单的评价并表示哀悼之意。这一部分内容虽然不是治丧委员会发布的，但它却是讣告不可缺少的组成部分。

② 治丧委员会公告。这一部分是讣告的核心，其标题往往是"×××同志治丧委员会公告"。正文部分主要是对丧事的安排及具体要求。

③ 公布治丧委员会名单。这一部分内容有时也可以不对外公布。以上这三大部分往往同时发出。

（3）新闻式讣告　内容和形式都比较简单，一般来说，其由标题和正文两部分组成，常常不落款，不写时间。

① 标题。这一类讣告的标题大多数情况用"××同志逝世"之类，具有新闻性。

② 正文。介绍逝者的原单位，职务及姓名，逝世的时间、地点，享（终）年岁数。其次，要对逝者的生平做以简要的介绍，有的也做简单评价。

5. 讣告写作要求

① 讣告必须在遗体告别仪式之前发出，以便逝者亲友与有关方面人士及时地做出必要的准备，如送花圈、挽联等。

② 执笔写讣告的人在写讣告前要对逝者的简历、去世时的情况、开追悼会的时间及地点等问题有明确了解。

③ 写讣告一般用白、黄两种纸，一般情况，长辈之丧用白色纸，幼辈之丧用黄色纸。上书黑字，四边加黑框以示致哀。

④ 讣告的语言要准确、简练、严肃、凝重，逝者去世的时间要详细、精确，以体现对逝者的哀悼。

二、悼词

1. 悼词的概念

悼词是指向逝者表示哀悼、缅怀与敬意的悼念性文章。它有广义和狭义之分。广义的悼词指向逝者表示哀悼、缅怀与敬意的一切形式的悼念性文章；狭义的悼词专指在追悼大会上对逝者表示敬意与哀思的宣读式的专用哀悼的文体。

2. 悼词的特点

现代悼词具有以下三个特征。

（1）高度思想性和现实性　悼词总结逝者生平业绩，肯定其一生的贡献，既寄托哀思又通过逝者的业绩激励后来者。如毛泽东同志在追悼张思德同志的追悼会上所致的悼词，留下了《为人民服务》的不朽篇章，激励了许多勇于牺牲、为民请命的革命志士，直至今天它还具有很强的现实意义。

（2）内容积极向上，情感昂扬健康　现代悼词不像古代哀悼文，一味宣泄情绪，充满悲伤的情调，让人感到愁闷压抑。它应该排除一切感伤主义、悲观主义、虚无主义等消极内容。它不是面向过去，而是面向当前和将来，主张"化悲痛为力量"。

（3）表现形式和表现手法的多样性　悼词既可以写成记叙文或议论

文，又可以写成优秀的散文作品；既能以叙事为主，又能以议论为主，还可以抒情为主。同时既有供宣读的形式，又有书面形式。

概括来讲，充分肯定逝者对社会的贡献，真诚表达生者对逝者的悼念和敬意，以质朴无华的语言和多种多样的形式体现化悲痛为力量的积极内容，这就是现代悼词的基本特征。

3. 悼词的分类

按照不同的标准，悼词有不同的分类。

（1）按照用途分

① 宣读式悼词。这种悼词专用于追悼大会，由一定身份的人进行宣读。悼词表达出全体在场的人对逝者的敬意与哀思，同时勉励群众化悲痛为力量。宣读式悼词以记叙或议论逝者的生平功绩为主，而不以个人抒情为主。另外，宣读式悼词受追悼大会本身时间、地点、条件的限制，在形式上相对来说也较为稳定。

② 书面体悼词。这类悼词内容广泛，包括所有向逝者表示哀悼、缅怀与敬意的情文并茂的文章，这类文章大都发表在报纸杂志上。这种文章通过对逝者生前事情的回忆，展现逝者的品质和精神，虽志在怀念，但却落脚在逝者的精神对生者的鼓舞和激励上。

（2）按照表现手段分

① 记叙类悼词。记叙类悼词以记叙逝者的生平业绩为主，并适当地结合抒情或议论，这是现代悼词最常见的类型。朴实的记叙文体，字里行间却充满对逝者的哀悼和怀念之情。

宣读式悼词和书面体悼词均可以采用这种形式，如朱自清的《哀韦杰三君》。

② 议论类悼词。这类悼词以议论为主，抒情、叙事为辅的悼词。这类悼词重在评价逝者对社会的贡献。议论类悼词能够和现实生活紧密结合，是社会意义较强的一种哀悼文体。如恩格斯的《在马克思墓前的讲话》。

③ 抒情类悼词。这类悼词以抒发对逝者的悼念之情为主，并适当地结合叙事或议论。抒情类悼词经常以抒情散文的形式出现，文学色彩浓厚，能在情感上打动人。它与一般抒情散文的不同在于悼词的情感不同于普通的情感。它崇高而真挚，质朴而自然。

4. 悼词的格式与写法

悼词没有固定的格式，但宣读式悼词相对稳定，这里主要介绍一下宣读式悼词的格式写法。宣读式悼词主要由以下四部分构成。

（1）标题

① 直接由文种作标题，如《悼词》。

② 由逝者姓名和文种共同构成，如《在宋庆龄同志追悼会上的悼词》。

（2）称谓 一般为泛称，顶格书写"各位领导、各位来宾、各位亲朋好友"，后加冒号。

（3）正文 悼词的正文通常由开头、主体、结尾三部分构成。

① 开头。首先以沉痛的心情说明召开或参加此次追悼会的目的，尽可能全面而准确地说明逝者的职务、职称和称呼，以示尊崇，要注意这些称呼之间的先后排列顺序。接着简要地概述逝者何年何月何日何时何原因与世长辞以及所享年龄等。

② 主体。承接开头、缅怀逝者，这是悼词的主体部分，主要由两方面内容组成。

一是介绍逝者的生平事迹，即对逝者的籍贯、学历以及生平业绩进行集中介绍，应突出逝者生前所作出的贡献。

二是对逝者的思想、精神、作风、品质、修养等作出综合的评价，介绍其对他人和社会产生的积极影响，如鼓舞、激励了青年人，为后人树立了榜样等。

③ 结尾。主要写明生者对逝者的悼念及如何向逝者学习、继承其未完成的事业、化悲痛为力量，为国家、为社会作出更大的贡献等内容。最后要写上"永垂不朽"或"精神长存"等。悼词的结尾要积极向上，不应该是消极的。

（4）落款 悼词一般在开头就已介绍了参加追悼会的人员情况，所以悼词的最后落款一般只署上成文的日期即可。

5. 悼词的写作注意事项

（1）明确写悼词的目的 悼词主要介绍逝者的生平事迹，歌颂逝者生前的功绩，让人们从中学习逝者好的思想作风，继承逝者的遗志。但是这种歌颂是严肃的，不夸大，不粉饰，要根据事实，作出合理的评价。

（2）要化悲痛为力量 有的逝者生前为党和人民做了很多好事，他们的美德会时时触动人们的心灵，悼词应勉励生者节哀奋进。

（3）语言要简朴、严肃、概括性强。

思考题

1. 讣告、悼词有哪些类别？分别适应什么情况？
2. 讣告、悼词的正文应写明哪些内容？
3. 写讣告需要注意哪些事项？

第五章

手文书

　　生活文书主要是指人们在日常生活中为处理个人事务或解决具体问题所用的各类文书。

　　生活文书种类多样，用法灵活、简便，使用范围较广、频率高，写作格式也较为固定。

　　本章主要介绍：求职信、应聘信、推荐信、介绍信、证明信、申请书、启事、声明、便条、单据和对联。

第一节　求　职　信

情境导入

　　××××年2月10日，某记者在武汉一场主要针对农民工求职的新春招聘会现场中了解到：大约99％的农民工都没有提供一份自己的简历，只是将自己的姓名、年龄、电话等简单地填入招聘方的登记表格中，就开始等待面试。对此，许多招聘方不禁感叹：其他求职简历在人才市场满天飞，而农民工的求职简历却难得一见。

　　以上这则新闻说明：在这日益充满着竞争的年代和社会，农民工兄弟不应再如此显得"默默无闻"了，只要手段正当，并合理合法，就得"该出手时就出手"来推销和表现自己。求职信、应聘信、求职简历等都是推销以及介绍自己达到求职目的的方法。

　　求职信怎么写？你会写求职信吗？

实例阅读

【例文】

求 职 信

尊敬的公司领导：

　　您好！

　　非常感谢您在百忙中审阅我的求职信，给予我毛遂自荐的机会。作为一名会计学专业的应届毕业生，我热爱会计学专业并为其投入了巨大的热情和精力。在几年的学习生活中，我系统地学习了经济学、管理学、基础会计、经济法、货币银行学、运筹学、财务会计、成本会计、管理沟通、管理信息系统和统计学等专业知识，通过实习积累了一定的实践经验。

　　大学期间，我始终积极向上、奋发进取，在各方面都取得了长足的发展，全面提高了自己的综合素质。我曾经担任校学生会主席和团委书记等职，在工作上我能做到勤勤恳恳，认真负责，精心组织，力求做到最好；多次被评为"校级优秀学生干部""校级优秀团干部"，学习成绩优秀，连续三年获得一等奖学金，并被评为"校级优秀毕业生"。

　　一系列的组织工作让我积累了宝贵的工作经验，让我学会了思考，学会了做人，学会了如何与人共事，既锻炼了组织能力和沟通协调能力，又培养了吃苦耐劳、乐于奉献的精神和关心集体、务实求进的思想。所有成绩和进步为我今后的职业生涯奠定了一定的基础。基于此，我希望贵公司给我一个机会，我愿为贵公司更辉煌的未来贡献自己的一份力量！

　　感谢您在百忙之中关注我，愿贵公司事业蒸蒸日上，祝您的事业百尺竿头，更进一步！殷切盼望您的佳音，谢谢！

　　此致

敬礼

　　　　附：1. 个人简历一份

　　　　　　2. 会计资格证书复印件一份

　　　　　　3. 荣誉证书复印件三份

　　　　　　　　　　　　　　　　　　　　求职人：×××

　　　　　　　　　　　　　　　　　　×××× 年 × 月 × 日

联系地址：×××××××××××

邮编：××××××

电话：×××××××××××

必备知识

一、求职信的概念

顾名思义，求职信就是求职者向用人单位自我举荐，以谋求职位的书信。

求职信在市场经济时代应用十分广泛。一般是在没有确切招聘信息的情况下，求职者主动向特定的用人单位推荐自己，集中突出个人特长、优势与求职意向，使用人单位能较快了解求职人的基本情况，相信自己适合担任某项工作或从事某种活动。因此，写好求职信是敲开职业大门的重要步骤，能为求职者赢得更多的面试与就业机会。

二、求职信的特点

1. 针对性

求职信要针对求职单位的实际情况、读信人的心理和求职者个人的情况及求职目标来写。否则，求职信会因为针对性不强而石沉大海。

2. 自荐性

求职信要恰当地推销自己。求职信是沟通求职者与用人者的一种媒介，在相互不熟悉不了解的情况下，求职者要善于推介自己，恰如其分地表现自己，用成绩、特长、优势，甚至用个性、"闪光点"吸引对方，给对方留下良好的印象。

三、求职信的写法

求职信一般由标题、称谓、问候语、正文、敬语、附件、落款组成。

1. 标题

一般在第一行正中写"求职信"，字体稍大。

2. 称谓

称谓要顶格写受信者单位名称或个人姓名。单位名称后可加"负责同志"，也可以直接写泛称"尊敬的领导"；个人姓名后可加"先生"、"女士"、"同志"或职务，如"尊敬的×经理"。在称谓后写冒号。

求职信不同于一般私人书信，受信人未曾见过面，所以称谓要恰当，郑重其事。

3. 问候语

称谓之后另起一行，写上问候语，前空两格。如果称谓是称呼的人，就问候"您好！"；如果是单位就不用问候语。

4. 正文

正文要另起一行，空两格写求职信的内容。求职信的正文一般应写清楚以下几方面内容。

（1）求职的原因　首先简要介绍求职者的基本情况，如姓名、年龄、性别等，接着要直截了当地说明写此信的目的、谋求的职位。

这段是正文的开端，也是求职的开始，介绍有关情况要简明扼要，对所求的职务，态度要明朗。而且要吸引受信者有兴趣将信读下去，因此开头要有吸引力。

（2）对所谋求的职务的看法及对自己的能力作出客观公允的评价，并提出求职意愿　要着重介绍自己求职的条件，要特别突出自己的优势和"闪光点"，以使对方信服。如专业特长、成绩、荣誉、获得的专业资格、实践或训练，甚至包括个人的志向、兴趣、性格等。

语言要中肯，恰到好处；态度要谦虚诚恳，不卑不亢，达到见字如见人的效果，要给受信者留下深刻印象，从而相信求职者有能力胜任此项工作。

（3）表达谢意　对受信者百忙中阅读求职信表示诚恳的谢意。

（4）提出希望和要求　在求职信的结尾提出希望、要求，如："希望您能为我安排一个与您见面的机会"或"盼望您的答复"或"敬候佳音"等。这段内容要适可而止，不要啰唆，不要苛求对方。

5. 敬语

在正文之后，另起一行，空两格，写表示敬祝的话。如写上"此致敬礼"，"此致"和"敬礼"各占一行，"此致"前空两格，"敬礼"顶格。或者写祝愿的话，如"祝　工作顺利"、"祝　事业发达"等相应词语。这两行均不点标点符号，不必过多寒暄，以免画蛇添足。

6. 附件

求职信若有附件，应在求职信落款之上，标注附件说明。"附件"两字前空两格，后加冒号，然后写明附件名称，如个人简历、成绩表等。如果附件不止一个，可标上序号，一一写清，序号上下对齐。

因为有说服力的附件是对求职者鉴定的凭证，所以求职信的附件是不可忽视的组成部分。需要将附件的复印件单独订在一起随信寄出。附件不需太多，但必须有分量，足以证明求职者的才华和能力。

7. 落款

在右下方署名并标注日期。署名在上面，成文日期写在下面。署名

"求职人：×××"，成文日期要年、月、日俱全，"××××年×月×日"。

四、写求职信的注意事项

① 介绍情况，既不夸大其词，也不妄自菲薄，态度不卑不亢，应表明诚意，充满自信，彬彬有礼。

② 突出重点，充分展示自己的特长和优势，必要时可附上有关证明材料。

③ 感情要诚恳真挚，恰当表达自己的愿望，对用人单位不可有过多溢美之辞，以免引起对方反感。

④ 一般不宜提过高的条件或报酬，要体现出勤奋、踏实、稳重的精神风貌，给对方留下良好的印象。

思考题

1. 求职信的正文一般应写哪些内容？
2. 写作求职信应注意哪些事项？

第二节 应 聘 信

2015年7月，某乡镇企业W果蔬有限公司招聘果蔬营销员，农民工孙×高中毕业，曾在一家小型蔬菜加工公司做过两年营销，积累了较多的经验。于是他向W果蔬有限公司投递了一份应聘信。

你知道应聘信怎么写吗？应聘信与求职信之间有什么区别？

【例文】

应 聘 信

尊敬的李经理：

您好！

昨日阅毕《××晚报》，获悉贵公司招聘网络管理员一名。我毕业于

××学校计算机专业，已取得大专学历，觉得对于此项工作能胜任，故大胆投函应征。

作为一名计算机专业的学生，我热爱这个专业，并在学校三年的学习生活中对其投入了巨大的热情和精力。求学期间，我主修计算机专业，并参加过计算机操作技能的严格训练，能熟练运用计算机处理各种网络业务，这使我有能力在贵公司这样一家专业化水平比较高的单位任职。此外，人际关系和心理学方面的训练，将有利于我与公司客户建立融洽的业务关系。

我曾在××公司做过网络管理工作，在实践中受益匪浅。其他关于该项工作的任职资格，请见随信附上的个人简历。

处于人生精力最充沛时期的我，渴望在更广阔的天地里展露自己的才能，期望在实践中得到锻炼和提高，因此我希望能够加入贵公司以进一步提高自己。感谢您在百忙之中给予我的关注，给我一片蓝天，我将还您一份惊喜。热切期盼您的回音。

此致

敬礼

附：个人简历一份

求职人：×××

××××年×月×日

一、应聘信的概念

应聘信是指求职人根据用人单位的招聘广告，应聘其中某一职位的书面申请。

二、应聘信的特点

1. 较强的针对性

① 写应聘信的目的是为了向用人单位谋求特定的工作职位，应聘的目标很明确。

② 应聘信的诉求对象是确定的，那就是用人单位的人事经理、部门负责人或是招聘信息材料中指定的联系人。求职者需要向这个确定的对象

介绍、推荐自己。

③ 用人单位都会在招聘材料中对拟聘员工的素质、条件要求作详细而清楚的交代和说明。应聘信就是围绕那些特定的条件和要求写作的，所以它具有明显的针对性。

2. 强烈的自荐性

应聘信要使对方通过信了解自己，让对方觉得只有应聘信的作者才是最合适的人选。所以信中往往围绕给定的招聘条件，比较充分地介绍自己的基本素质和成绩，有的放矢地表明自己胜任工作的条件和能力。

3. 独特的个性特征

一个招聘职位的公布往往会得到许多求职者的响应，用人单位在一段时间内会收到大量应聘信。应聘人只有通过应聘信展示自己的特长和优势，给对方留下深刻的印象，引起对方的高度注意，才可能从人群中脱颖而出。因此，应聘信应突出展示自己不同于他人的个性化特征及个人的优势，给用人单位以独特而深刻的印象。

三、应聘信与求职信的区别

应聘信与求职信都是向用人单位自荐以谋求职位的专用书信，但二者又有区别。

1. 产生条件不同

求职信是求职人根据自己的条件和意向，向可能聘用自己的单位所写的书信；应聘信是已获知用人单位正在招聘人员的情况下写的书信，招聘信息是前提条件。

2. 针对性强度不同

求职信也有针对性，针对适合的目标工作来介绍自己。相比较而言，应聘信针对性更强，它有明确的诉求对象，有明确的职位要求和条件。应聘者必须按照招聘广告中的信息来写应聘信。

3. 个性化程度不同

应聘信应更具有个性化，因为招聘广告一出，响应者很多，想要达到求职的目的，必须写出应聘信的特点及个人的特点。

4. 标题不同

应聘信和求职信在格式上除了标题不同，其他格式大体相同。应聘信标题"应聘信"三字，求职信标题"求职信"。

四、应聘信的格式与写法

应聘信一般包括标题、称谓、问候语、正文、敬语、落款六部分。

1. 标题

首行中间写"应聘信"，字体稍大。

2. 称谓

"尊敬的×××"，其后冒号，顶格写。

3. 问候语

"您好"，其后标感叹号，前空两格书写。

4. 正文

① 开头简要说明写应聘信的缘由，即从何处获知的招聘信息及欲谋求的职位。

② 介绍自己的基本情况，突出与目标职位有关的专长、成绩、荣誉和相关的培训、实践等，恰当评价自己的应聘条件、能力和优势。

③ 表达求职意愿、谢意和回音期盼。

5. 敬语

"此致　敬礼"，分行写，"此致"前空两格，"敬礼"顶格写。

6. 落款

"应聘人：×××"，"应聘人"三字也可写为"求职人"，或不写，直接写姓名"×××"。

下一行写成文时间"××××年×月×日"。

五、应聘信的写作要求

应聘信的写作需要注意以下几点。

① 应聘信送达对象是已经知晓的特定人士，所以开头的称呼语不能含含糊糊。

② 语气要亲切。因为诉求对象明确，应聘信的语气要像与对方面对面交谈似的，非常自然亲切。

③ 紧扣目标。应聘的目标明确，要求明确，应聘信的内容需对应相关职位招聘条件，有针对性地选择自身条件、能力和成绩中与特定条件相符的内容进行介绍。

④ 突出特长。要根据职位目标，通过分析，找准自己的优势条件，在应聘信中尽量展示自己的过人之处，扬长避短。只有超过其他应聘者，

才有可能赢得先机。

⑤ 先行调查。写作应聘信之前，要通过各种途径对应聘职位的有关情况以及用人单位的基本情况和招聘活动的有关细节进行调查研究，做到心中有数。这样才可能保证应聘信的针对性以及对职位认识的准确性，以免偏离方向。

思考题

1. 应聘信与求职信有哪些区别？
2. 应聘信的写作应注意哪些问题？

第三节 推 荐 信

 情境导入

农村学生王×于 2015 年毕业于××职业学校会计电算化专业，在校期间专业成绩等各方面表现较优秀。他的辅导员张老师与当地知名村办企业红旗蔬果有限公司老总是朋友，于是他向公司推荐了这位学生。

如果你是张老师，怎么写这份推荐信呢？

 实例阅读

【例文】

推 荐 信

一、推荐信息					
提名候选人		现所在部门		现任职位	
拟任部门		拟任职位		拟任职级	
二、推荐理由					

尊敬的各位领导：

您好！得知我部门李××将有机会晋升××，我感到非常高兴和无比欣慰。在我看来，这样一位上进且充满朝气的有志青年应该拥有更辉煌的未来。因此，我很荣幸向您推荐这位优秀青年。

李××，于××××年×月×日来我们蔬果加工集团公司工作，他是这批新职工中的佼佼者。今天的李××与一年半之前的他相比，已经产生了非常显著的变化，而作为一位全面的营销助理来讲，这些变化亦是他个人在专业知识与业务能力上日趋成熟的真实体现。

续表

　　我将以下几方面对他作出客观、真实、适当的评价，以期各位领导能对他有更全面、更深入的认识。

　　首先，他是一名真诚、可信任、谦虚随和、认真踏实的好员工。他勤奋、实干，一心为公，在做好分内工作的同时又能主动热情地帮助其他同事。他有头脑，具有敏锐的洞察力和判断力，遇到事情有自己独到的见解，给很多老员工留下深刻的印象，公认他是一匹有发展潜力的"黑马"。

　　其次，他乐观积极，富有朝气且工作热情。工作中的每一天，他都能用自己的朝气和激情影响周围的同事，做起事来总是信心十足，从容冷静。在团队气氛压抑时能很好地化解僵局，调节气氛。难能可贵的是，他以身作则，带动了新同事对学习新知识、新技能的兴趣与热情！

　　另外，他是一位乐于沟通、善于沟通并且具有较强协作意识和团队精神的年轻人。李××善于自我反思，总结经验，尽管作为一个刚出校园的职场新人，在最初的工作中有因为经验不足导致工作失误的事情发生，但他能够直面自己的不足，主动改善工作方式，加强与领导、同事等各方面的沟通，这种改变产生了巨大的黏合力，增强了部门的和谐气氛，提升了团队凝聚力与战斗力，得到老员工的一致好评。

　　作为李××的领导，我期望李××把握机会，通过公司给他提供的平台，在将来通过全面提升其专业素养、工作能力来攀登其职业生涯的新高峰！真诚期望公司能支持他，给他一个施展才能的机会。谢谢！

营销部经理：徐××
××××年×月×日

一、推荐信的概念

　　推荐信是指向用人单位推荐优秀人才或者向自己的熟人或朋友介绍某个人去做某件事以便使之采纳的文书。

　　推荐信与求职信的目的一样，都是通过介绍求职者的情况，让用人单位了解求职者的学习、专业、工作等情况，是用人单位录取人员的一个重要依据。所不同的是求职信是求职者自己写的，而推荐信是推荐人写的。

　　写推荐信的人，往往是有地位、有身份的人或德高望重者，因为受人之托，或其他原因而遇到了适合于某项工作的人才，而向某用人单位进行推荐。

二、推荐信的种类

1. 从推荐者的情况来分

从推荐者的情况来分可以分为自荐信和推荐信两种。

①自荐信是指写信人为了在某一单位谋求一份工作或自己原有的单

位谋求到更好的职位而写的一种推荐自己的信件。

② 推荐信是写信人向某单位或个人推荐别人的一种信件。

2. 从推荐信的投发对象来分

从推荐信的投发对象来分，推荐信又可分为目标明确的推荐信和广泛性的推荐信。

① 目标明确的推荐信是指写信人明确自己推荐信的投发对象，根据对象的情况可以目标明确地行文的一种推荐信。

② 广泛性的推荐信是指写信人只是推荐被推荐人的才能，而暂时并无明确的推荐单位的一种推荐信。这种推荐信可以同一内容一式多份，向同类性质的单位广泛投递。

三、推荐信的特点

推荐信一般具有以下几个特点。

1. 荐举贤能

推举贤能和合适人才是推荐信的主要特点和功能，使有才能的人适得其所，为用人单位所用。

2. 公私兼顾

推荐信无论是以单位名义或是以个人名义向有关单位、组织或个人推荐人才，均有举荐人才、公私兼顾的特点。从某个角度来说推荐信可以认为是一种私人信件，凡是写推荐信的人均希望自己的推荐可以成功，得到承认。

四、推荐信的格式与写法

推荐信一般由标题、称谓、正文和落款四部分组成。

1. 标题

推荐信的标题一般由文种名构成，即在第一行正中写上"推荐信"三个字。有的推荐信由于写推荐信者和收推荐信者双方关系较熟，则可以不要标题。

2. 称谓

推荐信要在第二行顶格写上收信方领导的姓名和称呼，或只写对方领导的职务，如"尊敬的××局局长"。

如果双方是熟人朋友，则可以用私人信件那样的称呼，如"××兄"。

3. 正文

推荐信的正文可以分为开头、主体和结尾三部分。

（1）开头　根据写推荐信者和收推荐信者双方关系的不同，推荐信可以采用不同的开头方式。

① 假如和对方关系较密切，但是不常见面，就可以先问候一下对方，略叙思念之情，然后说明写此信的意图。

② 如果见面较多，关系也较为密切，就无须太多的客套话。

③ 如果双方关系一般或不太熟悉，推荐信要在开头介绍自己（即推荐者）的身份，以及自己同被推荐者之间的关系，同时说明写此信的目的。

（2）主体　主体部分要针对用人单位的用人情况需要，介绍被推荐者的一些情况、基本评价和获奖情况。

① 被推荐者的基本情况。如学历学位、专业特长、外语水平、专业经历、业务能力以及其他能力。

② 对被推荐者的基本评价。对被推荐者的专业基础、理论水平、实践经验、工作能力、思想作风，进行实事求是的评价，由此说明其能否较好地胜任推荐的工作。恰如其分的评价，比言过其实的赞誉，更令人信服。

③ 被推荐者的获奖情况。重点介绍被推荐者在学校或工作岗位上曾经获得的奖励、担任的社会工作及其取得的成绩。

主体部分要使对方能通过推荐信对被推荐者产生好感，从而达到推荐人才的目的。

（3）结尾　再次表达自己希望能办成此事的愿望，恳请领导给予被推荐者工作或晋升机会，并向对方致以感激祝福之情。

结尾处也可附上一些被推荐者业绩的有关材料。

4. 落款

推荐信的落款要在正文右下方署上推荐者的姓名和成文日期。

有些推荐信还可以注明自己的详细通讯地址和联系方式，以备以后必要时的联系之用。

五、推荐信的写作注意事项

推荐信最重要的一点就是可信，受信人从推荐信中得到所需要的信息，作为接受被推荐者的参考依据。因此写作推荐信应该注意以下几点。

1. 客观真实

推荐者要本着对自己、对用人单位、对被推荐者负责的态度，客观如实地向用人单位提供被推荐者的真实情况，不能为了推荐成功，而弄虚作假、夸大其词。

2. 要有针对性

介绍被推荐者，不用面面俱到，根据用人单位工作需求情况，有针对性地重点介绍被推荐者某一方面的情况即可。

3. 注意语气和礼节

推荐信显然是有求于人的，有请求的意思，推荐者的目的是推荐成功，所以无论推荐者是什么身份地位，在语言上应注意礼节和平和恳切的语气，不可以用命令、指示等语气，以免于事无补。

 思考题

1. 推荐信的开头部分怎么写？
2. 推荐信写作时应该注意哪些事项？

第四节 介 绍 信

情境导入

红旗村村民李××和王××夫妇，于 2015 年 6 月 8 日喜得一女，为了给孩子入户，他需要持村委会开具的介绍信到××派出所办理入户手续。

如果你是村委会负责此事的村干部，你知道怎么写这份介绍信吗？

实例阅读

【例文一】

出生婴儿入户介绍信

××派出所：

　　兹有我××村（单位）居民_____（证件号：_____）、_____（证件号：_____）夫妇，于____年____月____日出生第____胎____孩，姓名_____，性别_____，民族_____，血型_____，生育证编号_____，出生医学编号_____，户别_____，户号_____，户主姓名_____，与户主关系_____，符合国家生育政策，请凭此证给予办理入户手续。

　　此致

敬礼

经办人：×××

××村村民委员会（章）

××××年×月×日

【例文二】

介绍信（存根）

×字第×号

　　兹介绍我单位××同志等×人前往×××单位联系有关××××××

×××××××××××××××××××××××××事宜。

（有效期×天）

××××年×月×日

···第············号·····································

介绍信

×字第×号

×××：

　　兹介绍××等同志×人，前往你处联系×××××××××××××，

请予接洽并给予协助。

　　此致

敬礼

（有效期××天）

×××（公章）

××××年×月×日

一、介绍信的概念

　　介绍信是机关、团体、企事业单位派人到其他单位联系工作、了解情况、洽谈业务、参加各种社会活动时所用的信件。

介绍信是用来联系接洽事宜的一种应用文体，使用介绍信，可以使对方了解来人的身份和目的，以便得到对方的信任和支持，所以它具有介绍、证明的双重作用。

二、介绍信的分类

介绍信有三种常用的形式。

① 便函式介绍信，是用一般公文信纸写的普通介绍信。

② 印刷的现成格式的介绍信。

③ 印刷的带存根的介绍信。

三、介绍信的格式与写法

这里主要介绍便函式介绍信和带存根的印刷式介绍信。

1. 便函式的介绍信

便函式介绍信在格式上包括标题、称谓、正文、结尾、附注和落款六部分。

（1）标题　在第一行居中写"介绍信"三个字。

（2）称谓　另起一行，顶格写收信单位名称或个人姓名，姓名后加"同志"、"先生"、"女士"等称呼，后加冒号。

（3）正文　另起一行，开头空两格书写正文，一般要写清楚以下几项内容。

① 派遣人员的姓名、人数、身份、职务、职称等。

② 说明所要联系的工作、接洽的事项等。

③ 对收信单位或收信个人的希望、要求等，如"请接洽"等。

（4）结尾　写上表示致敬或者祝愿的话，如"此致　敬礼"等。

（5）附注　注明介绍信的有效期限，具体天数用大写。

（6）落款　在正文的右下方写单位名称和日期，并加盖公章。

2. 带存根的印刷式介绍信

这种介绍信有固定的格式，根据要办的具体事项按要求逐一填写。一般由存根联、间缝、介绍信本文联三部分组成。两联正中是间缝，同时编有号码。

（1）存根联　存根部分由标题、介绍信编号、正文、有效期、开出时间等组成。存根由出具单位留存备查。

（2）间缝　间缝部分写介绍编号，应与存根部分的编号一致。还要加盖出具单位的公章。

（3）本文联　本文部分基本与便函式介绍信相同，只是标题下再注明介绍信编号。

四、介绍信的写作注意事项

① 内容要真实，要填写持介绍信者的真实姓名、身份，不能提供虚假的信息、证明。

② 接洽联系的事项要写得简明扼要，语言要流畅。不写原因结果，不议论、抒情。

③ 重要的介绍信要留有存根或底稿，存根或底稿的内容要同介绍信本文联完全一致，并经开介绍信的人认真核对。

④ 一份介绍信只写一个联系单位，一件事情。语气要谦和，用"请接洽"、"请予协助"等，书面语不要太重。

⑤ 格式要规范，提高办公效率。

⑥ 书写要工整，不能随便涂改，不用红色笔或铅笔书写。

思考题

1. 介绍信有哪些种类？

2. 带存根的介绍信包括哪些内容？

第五节　证　明　信

情境导入

李××是××大学的一名学生，因为家庭特别困难，他准备申请今年的学校困难补助，其中有一个手续是要到所属地开证明信。李小明同学的家在××省××地区××县××村，他在周末回村开了证明信。

如果你是村领导，将怎样给他写一份证明信？

实例阅读

【例文一】

证　明　信

××党委：

我村×××同志，于××××年×月×日正式申请加入党组织，××

××年×月×日转正。

特此证明。

××村党支部（公章）

××××年×月×日

【例文二】

证　明　信

×××大学：

贵校学生×××，其家长属本地居民，家庭基本情况如下：

一、家庭人口5人，家庭成员组成：＿＿＿＿＿＿＿。家庭年收入约2万元。

二、主要收入来源：＿＿＿＿＿＿＿＿＿＿＿＿＿＿＿＿＿

＿＿＿＿＿＿＿＿＿＿＿＿＿＿＿＿＿＿＿＿＿＿＿＿＿＿＿＿。

三、目前家庭主要困难：＿＿＿＿＿＿＿＿＿＿＿＿＿＿＿＿

＿＿＿＿＿＿＿＿＿＿＿＿＿＿＿＿＿＿＿＿＿＿＿＿＿＿＿＿。

确属贫困家庭。

特此证明。

村委会（街道居委会）　　　乡镇民政部门　　　县区政府民政部门

　　（盖章）　　　　　　　（盖章）　　　　　　（盖章）

××××年×月×日

必备知识

一、证明信的概念

证明信是以机关、团体、企事业单位或个人的名义凭借确凿的证据证明某人身份、职务、经历或者某个事项真实情况时所使用的一种文书。

二、证明信的种类

证明信的种类，依据不同，分类不同。

1. 从开具证明的人上分

从开具证明的人的不同上，可以分为组织证明信和个人证明信两种。

（1）组织证明信　是以组织的名义所发出的证明信。这类证明信多数是证明曾在或现在本单位工作的职工的身世、经历、职务或与本单位有关的事件。此类证明信在入党、入伍、招工、转干等方面经常使用。

（2）个人证明信　是以个人的名义所发的证明信。此类证明信由个人所写，个人证明某人、某事真实情况，内容完全由个人负责，而且证明人要签字或盖个人章，负法律责任。

2. 从内容上分

从内容的不同上，证明信可以分为证明某人身份、职务、经历等情况的证明信和证明某一事件或某一事项真实情况的证明信。

三、证明信的特点

证明信的主要特点是真实性和凭证性。

1. 真实性

真实性是证明信的最本质、最重要的特征。写证明信不能作假，否则害人害己，贻误事情，甚至违法。

2. 凭证性

证明信的凭证性以真实性为基础，是持有者用以证明自己身份、经历、职务或某事真实性的凭证，它的主要作用是证明。

四、证明信的格式与写法

证明信的格式一般有标题、称谓、正文、落款等部分组成。

1. 标题

证明信的标题有以下几种形式。

① 直接以文种作标题，如"证明信"或"证明"。

② 事由＋文种，如"关于×××情况（或问题）的证明信"。

③ 证明者＋文种，如"××居委会证明"，"××村委会证明"，"××党委会证明"，"×××的证明信"。

2. 称谓

在标题之下另起一行顶格书写受文单位名称或受文个人的姓名称呼，后加冒号。有的证明信没有固定的受文者，则省略称谓，在正文前用引导词"兹"引起正文内容。

3. 正文

在称谓的下一行，空两格书写正文。通常证明信只限于书写接受单位要求证明的事项，其他无关的不写。如果需要附有关结论、历史文件或其他资料，可做附件处理。

正文写完后，另起一行，空两格写"特此证明"字样。

4. 落款

落款包括署名和成文日期。

在正文的右下方署名（证明单位名称或开具证明人姓名称呼），在署名之下一行写成文日期。署名上要加盖公章或私章、签名，否则证明信将视作无效。

五、证明信的写作注意事项

① 凡需证明的问题都是比较重要的，证明者必须严肃认真、实事求是、言之有据。对被证明的人或事，必须清楚地了解，不了解的东西不能写，猜测性的东西不要写，所写内容必须绝对准确、真实、可靠，应将自己的认识、判断与事实材料严格区分。

② 语言要准确，措辞要肯定，不能含糊其辞，模棱两可。

③ 书写要整洁，字迹要清晰，不能用铅笔、红色笔书写，如有涂改，必须在涂改处加盖公章（或个人印章）。

④ 对于作为证件用的随身携带的证明信，一般要求在证明信的结尾注名有效时间、过期无效的期限。

⑤ 必须有证明机关或证明人签字盖章，以示生效。

思考题

1. 证明信格式有哪些？
2. 写作证明信应该注意哪些事项？

第六节 申 请 书

情境导入

滨湖村村民姜××，因交通事故失去一条腿，家中父母年迈，且身体多病，家庭经济困难，希望能得到救助，于是请人给村委会写了一份困难补助申请书。

你能帮他写一份困难补助申请书吗？

实例阅读

【例文一】

入党申请书

尊敬的党组织：

今天我郑重地递上入党申请书，向党组织提出申请，我要求加入中国共产党。

我自愿要求加入中国共产党，因为共产党是中国工人阶级的先锋队，是中国各族人民利益的忠实代表，是中国社会主义事业的领导核心。

中国共产党以马克思列宁主义、毛泽东思想、邓小平理论和"三个代表"重要思想作为自己的行动指南。马克思列宁主义揭示了人类社会发展的普遍规律，分析了资本主义制度本身无法克服的固有矛盾，指出社会主义必将代替资本主义，共产主义必将在全人类实现。毛泽东思想是马克思列宁主义普遍真理与中国革命具体实践相结合的产物，是中国共产党集体智慧的结晶，是被实践证明了的关于中国革命和建设的正确的理论原则和经验的总结。

实践证明，中国共产党是伟大、光明、正确的党。它善于在实践中不断地总结经验，完善自己，保持正确的航向；它一切从实际出发，理论联系实际、实事求是；它全心全意为人民服务，把群众利益放在第一位，同广大人民同甘共苦；它坚持民主集中制，充分发挥各级党组织和广大党员的积极性和创造性；它实行民主的科学决策，制定和执行正确的路线、方针和政策；它坚持四项基本原则，从严治党、发扬党的优良传统和作风，提高党的战斗力；它维护和发展国内各民族的平等、团结、互助关系，坚持实行和不断完善民族区域自治制度，帮助少数民族地区发展经济、文化，实现各民族的共同繁荣和全面进步；它积极团结各民主党派、无党派民主人士、各种爱国力量，加强同港、澳、台同胞的联系，按照"一国两制"的方针，完成祖国统一大业；它积极发展对外关系，在国际事务中，坚持独立自主的和平外交政策，反对霸权主义和强权政治。

我生在新中国，长在红旗下，党的教育伴随我走过了 21 年的人生历程。还在孩提时，电影里、课本上革命先烈的英勇行为，便使我感受到了党的神圣和伟大。那鲜艳的党旗如熊熊燃烧的烈火，温暖着我的心窝。我常常梦想着自己有一天也能站在党旗下，向党宣誓，成为一名优秀的中国共产党党员。在那时，我已深深地懂得正是那金色的镰刀和锄头砸碎了禁锢在劳动人民身上的铁链，打破黑暗旧社会的枷锁，推翻了几千年来压在中华民族头上的三座大山，是中国共产党，给处在水深火热中的炎黄子孙带来了新生活。

我加入中国共产党的愿望由来已久。这种愿望不是一时冲动，而是发自内心深处的一种执著与崇高的信念，这种信念给了我克服一切障碍、追随中国共产党建设社会主义新中国的勇气、信心和力量。

即使组织上认为我尚未符合一名党员的资格，我也将按党章的标准，严格要求自己，总结经验，寻找差距，继续努力，争取早日加入党组织。

请党组织在实践中考验我！

此致

敬礼

申请人：×××
××××年×月×日

【例文二】

困难补助申请书

尊敬的乡党委领导：

我叫×××，男，现年××岁，×××村一名农民。家中有年迈的父亲和体弱多病的妻子和儿子。一家四口靠4亩薄田为生，年收入在2万元左右，全家开支由我一人承担。不幸的是，我儿子×××6岁时得了肾炎，为了给儿子治病，这几年向亲戚朋友东挪西凑借了十几万元。目前，家里负债累累，生活窘迫。每每念及这些，我心里愁苦得像压了一块石头，对家庭和孩子也总是心存深深的愧疚。

万般无奈之下，我想到了政府。我希望在最困难的时候政府伸出援助友爱之手拉我们全家一把，以减轻家庭负担。所以特此提出申请，望能批准。

此致

敬礼

申请人：×××
××××年×月×日

必备知识

一、申请书的概念

申请书是个人或集体向组织表达意愿，要求批准或帮助解决问题时使用的一种文书。

二、申请书的分类

申请书的种类很多，根据人们的不同意愿，有不同内容、不同种类的申请书。在日常生活和学习中，常用的申请书如下。

（1）参加某种组织的申请书　这是个人或集体要求参加某一社会团体、党派而写的申请书。如入党或入团申请书或加入某种社团组织的申请书等。

（2）请求解决问题的申请书　这是一种以个人、单位名义向有关领导或上级机关请求解决某一问题的申请书。如困难补助申请书等。

（3）要求某种权利的申请书　这是一种向主管机关、部门请求某种权利的申请书。如开业申请书、留职留薪申请书。

三、申请书的写作要求

① 应把申请的事项写清楚、具体，涉及的数据要准确无误。

② 理由要充分、合理，实事求是，不能虚夸和杜撰。

③ 语言要简洁、准确、明快，态度应诚恳、朴实。

四、申请书的格式与写作

申请书在写法上包括标题、称谓、正文、结语、落款五个部分。

1. 标题

在第一行中间写上申请书的名称，字体要稍大些。有的以文种为标题；有的在标题中加上事由，例如："入党申请书"、"开业申请书"。

2. 称呼

在标题的下一行顶格处写称呼。一般申请书应写给接受申请书的组织、机关、团体，所以称谓一般不写领导人姓名，例如："××团支部"、"××学校××处党支部"、"××国领事馆"等，称呼后面加上冒号。

3. 正文

这是申请书的主要部分，在称呼下一行，空两格写起。正文一般包括以下内容。

（1）提出申请要求　申请要求要明确具体，例如："现申请办理营业执照"、"我申请加入中国共产党"等。

（2）说明申请的理由　申请理由一般讲清楚实现意愿的条件，要客观充分。例如：写入党申请书，则应写明自己为什么要加入中国共产党，对党的认识、态度以及自己的优缺点，希望得到组织的培养和帮助。如果是开业理由，则应介绍自己具备了什么条件可以开业经营。

（3）表明意愿如果实现后的保证　有的申请书具有存档、考查的意义，所以，在正文部分除了提出个人意愿，写明申请理由之外，还需写上意愿实现后的保证。

4. 结语

结尾方法有两种。

① 只写致敬语，如"此致　敬礼"。它的格式是：正文结束后，另起一行空两格写"此致"两字，然后在下一行顶格写"敬礼"两字。

② 写上"请接受我的申请"或"请党支部帮助我，考验我，使我早日加入中国共产党组织"，然后再写上"此致　敬礼"。也有的没有结尾语。

5. 落款

署名和日期。在结语下一行靠右，写上"申请人"三个字，也可不写，然后写上申请人姓名。在署名下一行位置写上写申请书的时间。

五、申请书的写作注意事项

① 缘由合理、事项清楚。申请书要准确交代申请的理由，并把申请事项写清楚，使接收者能透彻地了解申请人或申请单位的意愿、要求和具体情况，以便研究处理。

② 要考虑特定对象。写申请书是送给组织或领导看的，所以必须从这一特定对象出发来确定申请书的内容和文字。接收申请书的人已经了解的事情，可以少写或不写；对方不太了解而又必须说明的，就要写清楚。

③ 语言表达要简洁、准确、明快，态度应诚恳、朴实，字迹要工整，标点符号要规范。

思考题

1. 申请书有哪些种类？

2. 申请书的正文一般写哪些内容？

第七节　启　事

 情境导入

红旗村村民李×给在县城读书的孩子送东西，因为拿的东西多，在校园里不慎把放有钱、学生证等重要资料的包丢了。他当时非常着急，不知道怎样才能找回。

你知道怎么处理这件事吗？如果写启事，怎么写呢？

 实例阅读

【例文一】

招 聘 启 事

因公司业务发展需要，红旗村村办企业红旗蔬果有限公司特向社会公开招聘营销员若干名，具体要求如下：

（一）招聘范围

本市地人员。

（二）招聘条件

1. 熟悉本市的蔬果行情。

2. 中专及以上学历。

3. 年龄 25～40 岁，品貌端正、亲和力强、身体健康、遵纪守法。

4. 有较强的人际沟通能力，善于与人交流，口齿清楚，会普通话者优先考虑。

5. 具有良好的心理素质及营销服务潜质。

6. 有两年以上营销工作经验的成熟人才优先考虑。

（三）待遇

试用期合格后签正规劳动合同，待遇：底薪 3000＋提成。有意者，请将个人简历发送邮箱：×××@×××.com。

联系电话：×××××××××××，李××。

（四）报名方式

应聘者请将本人简历（请写明联系电话）、身份证复印件、学历证书复印件及一寸照片一张，于5月15日前寄至公司综合办105室收。

联系电话：×××××××××××。

×× 省 ×× 市红旗蔬果有限公司（章）

××××年×月×日

【例文二】

寻 人 启 事

孙亮，男，五十四岁，身高1.7米；××省××地区口音，精神失常；留平头，皮肤微黑，右耳后有黑痣；穿白背心，深蓝裤，黑塑料凉鞋；于××××年×月×日和家人赶集时在××县××乡镇××大街走失，有知情者，请与××省××县××村××胡同××号联系，必有重谢。

联系电话：×××××××××××。

联系人：孙××。

孙××

××××年×月×日

 **必备知识**

一、启事的概念

"启"，即叙说、陈述之意；"事"即事情。启事，即公开陈述事情。启事是单位或个人，向公众告知、说明某事，并希望公众协助办理时使用的一种文书。

通常处理公事、私事，不便以通告、公告等公文文种行文时，就采用启事。

二、启事的特点

1. 周知性

启事面向大众告知事宜，任何人都可阅读、了解，无保密性。

2. 简明性

启事要求写得简洁明了，启事的简明性，除了为读者提供方便之外，同时也受篇幅版面限制。

3. 祈使性

有些启事期望得到公正的支持与协助，但是不具备法律的约束力和强制性，公众自主参与。

三、启事的种类

启事的种类很多，大致可分为以下三类。

1. 征招类启事

征招类启事有征文启事、征订启事、征婚启事、招聘启事、招生启事、招租启事、招标启事、招工启事、招领启事等。

2. 声明类启事

声明类启事有开业启事、停业启事、迁址启事、更名启事、作废启事、解聘启事等。

3. 寻找类启事

寻找类启事有寻人启事、寻物启事等。

四、启事的格式与写法

尽管启事种类繁多，但其结构大体相同，通常由标题、正文、落款三部分组成。

1. 标题

① 直接以文种"启事"作为标题，如《启事》、《紧急启事》。

② 以"事项＋文种"作为标题，如《招聘启事》或《关于……的启事》。

③ 以"单位名称＋事项＋文种"作为标题，如《×××学校 2015 年招生启事》。

④ 直接以事项作为标题，如《寻人》。

2. 正文

不同类型的启事正文内容有所不同，应根据不同启事的内容和要求，变通处置，注意突出启事的有关事项，不可强求一律。内容多的应逐条分项写清楚，要写得具体、明白、准确、简练，不可模糊、含混，以免产生歧义。

招聘启事要详细列出招聘职位、条件、期限和薪酬等。征文启事要列明征文原因、主题、要求、期限、奖励办法等。寻人启事要详细写明走失者的外貌特征，走失时间及相应的联系方式。

文末可以写上"此启"或"特此启事",也可略而不写。

3. 落款

要注明启事单位或个人姓名以及日期,重要的启事要加盖公章,并注明联络地址、联络人。在报纸和电台播发的启事,以刊登或播放日期为准。

五、启事的写作要求

① 要根据不同类型的启事选择不同的内容、不同的侧重点,写作要详略有别。

② 启事的事项要表述完整、清楚,要求一文一事,便于公众理解和记忆。联系方式等也要交代清楚。

③ 语言要通俗、浅显、简明扼要,态度要庄重、平易而又不失热情、恳切。

六、启事与海报的区别

海报和启事都具有告启性,都不具有约束力,都可以在公共场所张贴。但两者亦有明显的区别。

① 使用范围不同,海报以报道文化、娱乐、体育消息为主;启事可以反映政治、经济和生活等多方面的内容。

② 在制作形式上,启事可以文字说明为主;海报除文字说明外可作美术加工,配备图片、图画、图案,运用美术装饰材料及手段。

③ 公布方式不同,启事除张贴外,可登报,用广播、电视传播;海报只在公共场所张贴或悬挂。

思考题

1. 启事有哪些类别?
2. 启事与海报有哪些区别?

第八节 声 明

 情境导入

滨湖村村民张×,于2015年5月3日不慎遗失了自己的机动车驾驶证,

他只好向机动车驾驶证核发地××车辆管理所申请补发。他申请时，××车辆管理所要求他提交机动车驾驶人的身份证明和一份机动车驾驶证遗失的书面声明。符合规定后，车辆管理所会在三日内补发机动车驾驶证。

如果你是张××，能拟写一份机动车驾驶证遗失声明吗？

 实例阅读

【例文一】

遗 失 声 明

红旗村红旗蔬果有限公司遗失建设银行支票一张，支票号：19876740，金额：1258.8元。特此声明作废。

红旗村红旗蔬果有限公司

××××年×月×日

（登载于《××晚报》）

【例文二】

××省农村信用社联合社严正声明

近日，我们发现有人在个别网站报料，××县农村信用联社一网点撤销，群众利益受损，在社会上造成了极坏影响，严重损害了农村信用联社的社会形象及合法权益。为此，特严正声明如下：

一、我省××县农村信用联社没有撤销任何网点，所有营业网点现均正常营业，各项业务正常开展。

二、报料提及的"××县××信用社××储蓄服务站"并不存在，系社会人员非法私刻印章、私印凭证所为，属个人非法吸收公众存款行为，与××县农村信用联社无任何关系。

三、报料提及的"王××"并非××县农村信用联社原职工，此人已于××××年×月被当地人民法院以非法吸收公众存款罪判处有期徒刑5年，现在监狱服刑。

四、报料内容未经核实，系歪曲事实。对个别人不负责任的失实报料，我们将保留追究其法律责任的权利。

特此声明。

××省农村信用社联合社

××××年×月×日

必备知识

一、声明的概念

声明是说明与本单位或本人直接相关的问题或事实真相，向公众表明自己的立场、态度和观点的文书。

声明的发布者可以是单位，可以是个人，政府也经常使用这个文种来公开表达自己的态度和立场。如果声明事项涉及比较复杂的法律问题，声明人也可以委托律师发表声明。

声明可以通过各种媒介形式发布，可以在报纸上登载，可以通过广播、电视播发，可以在网页上发布，还可以张贴。

二、声明的分类

声明通常有两类：一类是当自己的某种合法权益受到侵害，为维护自己的合法权益、引起公众关注，并要求侵权方停止侵害行为的声明；另一类是在自己遗失了支票、证件等重要凭据或证明文件时，为防止他人冒领冒用而发表的声明。

三、声明的特点

（1）公开性　声明就是要公开宣布，让公众知晓，通常还要在媒体发布，具有公开性。

（2）表态性　声明通常对相关事项或问题进行事实披露或澄清，并表明自己的立场和态度。表态性是声明的本质特征。

（3）警示性　一些声明具有警告、警示他人和保护自己合法权益的意图和作用。

四、声明的格式与写法

声明一般由标题、正文和落款三部分组成。

1. 标题

① 一般只写文种"声明"。

② 以"态度＋声明"为标题，如"郑重声明"、"严正声明"。

③ 以"事由＋文种"为标题，如"遗失声明"、"知识产权声明"和"关于有人冒用本公司名义进行商业活动的声明"等。

④ 以"发文机关＋声明"为标题，如"商务部商业改革司声明"。

⑤ 以"发文机关＋事由＋文种"为标题，如"××公司授权法律顾问××律师声明"、"腾讯集团关于反商业贿赂行为的声明"和"××市人民政府关于〈××时报〉失实报道的郑重声明"。

2. 正文

正文一般有开头、主体、结尾三部分。

① 开头说明发表声明的原因，包括作者对基本事实的认定。这是发布者表达自己立场和态度的基础，要写得准确而简洁。

如果是授权律师发表声明，开头必须写清受谁的委托。

② 主体部分写出具体的声明事项，表明发布者的立场和态度，有时直接写明下一步将要采取的行动。

写作时，要视声明的重点而定。如果重在披露或澄清事实，可以采取概述的方式；如果重在说明问题，可以依照一定的顺序或以条文的方式逐一表达；如果重在主张某项权利，可以将该内容单列一段。声明如果需要公众协助的事项，还应在文中或正文左下方写明联系方式。

③ 最后以"特此声明"作结，以示强调。

如果开头与主体之间已有"特作如下声明"或"特声明如下"之类的字样过渡，也可以不写"特此声明"的结语。

3. 落款

落款包括署名、时间和附注三项内容。

① 声明发布者署名。

② 日期：即发布声明的日期，年、月、日俱全。

③ 附注：有的声明正文内容中写有希望公众检举揭发侵权者的意思，还应在署名项目的右下方附注自己单位的地址、电话、传真号码以及邮政编码，以便联系。

五、声明的写作注意事项

① 声明的内容要真实，表述要简明扼要，措辞要得体。

② 声明内容不能侵犯他人权利。有的声明大多为了维护自己的合法权益，但在表达自己的态度、立场时，要注意不能侵犯他人合法权益。

③ 遗失声明登报时另有格式。遗失声明在报纸上刊登时，报社通常会从广告处理和版式设计的角度对其格式进行处理。

思考题

1. 声明的标题有哪些写法？
2. 声明的正文包括哪些内容？

第九节 便 条

 **情境导入**

李×最近患感冒，她坚持上班，但是又觉得特别难受。由于领导刚刚去开会，李×只好写了一个便条放在领导办公桌上，然后去医院看病。

你知道她写的是什么样的便条吗？她怎么写的？

实例阅读

【例文一】

请 假 条

李经理：

您好！今天上午我因骑车不慎，摔了腿，下午准备去医院拍片子，所以不能到公司参加会议，特此请假，恳望批准！

请假人：×××
××××年×月×日

【例文二】

留 言 条

三楼的邻居：

您好！

首先，我为影响了您的正常生活说声"对不起"。因为孩子马上要参加考试，所以最近加大练琴的强度和时间，没想到打扰您的休息，真的很抱歉。以后，尽量避开您休息的时间，选择大家上班的时候练习，午休和晚饭后少弹或者不弹，最晚也不会超过晚上十点。

　　谢谢您的包容和理解，同时，我也为拥有您这样文明友善的邻居而感到荣幸。

　　再次说声"对不起"，也真诚地欢迎您来我家做客！

三楼王×

××××年×月×日

【例文三】

托　事　条

××生态园：

　　你们需要的××牌农具用品已运到，特托人带来信条告知，请在明天上午8时来我店购买。

　　此致

敬礼

××农具用品专卖店

××××年×月×日

【例文四】

意　见　条

红旗村幼教艺术中心：

　　由于孩子平时在幼儿园有午睡，下午2:30上课。而贵中心周六的钢琴学习时间是下午1:30，打乱了孩子平时的作息规律，所以我们认为调成下午2:30更合适。

　　以上意见请老师考虑，谢谢。

王××、李×、孙×、赵××（家长）

××××年×月×日

📖 必备知识

一、便条的概念

　　人们在日常生活、学习、工作中，需要对某件事向某个人作简单说明，以求达到彼此沟通情况的目的而写的字条，就是便条。

二、便条的种类

常用的便条有请假条、留言条、托事条、意见条等。

三、便条的特点

（1）内容单一、简明 便条是文书中最简单的，往往只用一两句话。

（2）时间性强 便条中涉及的事情往往具有临时性、偶然性，又不能当面谈，通过使用便条，可以达到省时、省力、提供办事凭证和依据的目的。

（3）传递便捷 便条不用邮寄，一般不用信封，多为托人转交或临时放置在特定的位置，有的时候甚至写在公共场所的留言板或留言簿上。

四、便条的格式与写法

便条也有一定的格式，一般由标题、称谓、正文、落款四部分组成。

1. 标题

在便条的上端中间写明"请假条"、"托事条"、"意见条"、"留言条"，"托事条"、"意见条"的标题也可以不写。

2. 称谓

根据对象顶格写上相应的称呼。

3. 正文

一般要简明扼要地说明事由和事项，时间、人物等交代清楚。请假条最后常以"特此告假"、"请予准假"等结束。留言条一般最后不用结束语。托事条常以"容日再谢"等结束。

4. 落款

留言条的署名比较随意，如与对方不熟悉，则应写出全名乃至单位和具体日期。托事条还常在姓名后加上"托"、"拜托"。

五、写便条应注意的事项

1. 注意时间

由内容所决定，便条具有很强的时间性，必须清楚地写明时间。若含混不清，或不标明时间，就会造成不必要的麻烦。比如请假条要提前写，这几乎是所有单位对所属人员请假的明文（或默认）要求。当然，如有特殊情况，也可以临时请假。在事后补写请假条也是许多数单位允许的，但大多数单位会对这个"事后"有一个时间限制，多为所属人员恢复上班的当天，或者一两个工作日内。所请的期限也应该尽量具体。

2. 一文一事

便条中只能涉及一件事，不可将多件事情放在一个便条中处理。

六、便条与书信的区别

1. 传送方式不同

便条一般托人代转或放在对方可以看见的地方，不用邮寄。

2. 内容表达不同

便条内容简洁明了，一般较短，简单告知陈述某事即可；书信则可长可短，表达随自己的心意情感，可以提及很多事情。

📝 思考题

1. 通常有哪几种便条？
2. 便条与书信有哪些区别？

第十节　单　据

🖊 情境导入

　　王×和李×是同村的邻居，又是好朋友。王×在一家大型公司上班，李×搞个体经营。最近李×想进一批货，但是资金紧张，于是打算向王×借 5 万元。李×说："打个借条吧。"王×笑着说："咱俩还打什么条，别忘了还我就行。"

　　王×需要李×写借条吗？如果需要写借条，李×应该怎么写？

🖊 实例阅读

【例文一】

借　条

今借到张三（身份证号码：×××××××××××××××××××）

房屋装修款人民币贰万元整，年利率×‰，于 2015 年 9 月 10 日前本息一并归还。

　　此据

借款人：李四

身份证号码：××××××××××××××××××

××××年×月×日

（身份证复印）

【例文二】

欠　条

　　今欠王××购房款人民币伍万元整，于两个月之内还清。

×××（签名）

××××年×月×日

【例文三】

收　据

今收到：

　　××公司送八月货物订金人民币贰万伍仟元整。

××公司（盖章）

××××年×月×日

【例文四】

领　条

今领到：

　　××县××镇××民政局发给的《经济困难户保障卡》拾捌本。

××镇××村村民委员会

经手人：×××

××××年×月×日

必备知识

一、单据的概念

单据是单位之间、个人之间，或单位与个人之间发生财物往来时，为了办事方便、手续清楚，必须出具的一种字据凭证。

二、单据的种类

单据有表格式的正规单据，如发票、报销单、划款单等。这类单据必须盖有公章或财务章，可作为原始凭证入账。另一种是临时性的，如借条、欠条、收条、领条等，起凭证或证据的作用。下面分别介绍一下临时性的非表格式单据。

1. 借条

借条又叫借据，是借用钱物时写给对方的一种凭证，供对方保存查考，所借钱物归还后，借条应收回或当场销毁。

写作借条应注意以下问题。

① 一定注明大写×××元整。特别注意：大小写相一致，如果大小写数额不一致，司法实践中会以大写金额为准。

② 一定正确写明出借人和借款人姓名、身份证号码，以避免发生纠纷时再去核实借款人身份。

③ 如果不能确定要求借款人归还的时间，建议出借人不写归还日期，可以适用 20 年的最长诉讼时效。

④ 如果要求给利息，一定要写明。借贷双方没有约定利息，出借人主张支付借期内利息的，人民法院不予支持。

⑤ 最好在 A4 纸上先将借款人的身份证正反面复印在纸张上作为借条的附件使用。

⑥ 借条书写完成后，由借款人签署姓名、书写日期后在姓名上用大拇指或食指按指印。

2. 欠条

借钱或物品，到期不能全部归还，应收回原借条，另写一张单据，约定在一定期限内归还尚余部分，这样的单据叫欠条。

注意：欠条的特征是原来借的钱或物品，已还清一部分，尚余部分要在新的商定的期限内归还。因此，不能与借条混淆。

借条与欠条的区别如下。

① 借条证明借款关系，欠条证明欠款关系。借款肯定是欠款，但欠款则不一定是借款。

② 借条形成的原因是特定的借款事实。欠条形成的原因很多，可以基于多种事实而产生，如因买卖产生的欠款、因劳务产生的欠款、因企业承包产生的欠款、因损害赔偿产生的欠款等。

③ 当借条持有人凭借条向法院起诉后，由于通过借条本身较易于识辨和认定当事人之间存在的借款事实，借条持有人一般只需向法官简单地陈述借款的事实经过即可，对方要抗辩或抵赖一般都很困难。但是，当欠条持有人凭欠条向法院起诉后，欠条持有人必须向法官陈述欠条形成的事实，如果对方对此事实进行否认、抗辩，欠条持有人必须进一步举证证明存在欠条形成事实。

3. 收条

收条也称收据，是收到钱物时写给对方的一种凭证。收条的格式和写作要求与借条类似。

注意：如所收钱或物品本来是由甲方借出的，那么甲方应出示乙方写的借条，还给乙方或当面撕毁。这时甲方不必写收条。如甲方不在，别人代收，代收人应写收条或代收条给乙方，以证明钱物已收回。

4. 领条

领条是从单位或个人处领到钱或物品时，写给发放人的留存单据。

三、单据的特点

① 表格式单据，格式不同，性质和用途不同，使用时应分清。而临时性的单据在格式上没有大的差距，形式也比较简单。

② 正规的单据很讲究手续的规范，必须严格按照财务制度的规定，把手续写明白，否则属于违规，办不成事，甚至造成重大经济损失。而临时性的单据虽然形式简便，但是也必须遵循基本的规范手续。

四、单据的格式与写法

在这里只介绍临时性单据：借条、欠条、收条、领条。

临时性单据的写作，在内容上一般包括标题、正文、结语、落款四部分。

1. 标题

单据的标题有两种写法。

① 直接以文种名为标题。在正文上方中间写明单据名称，如借条、欠条、收条、领条，属什么单据就写什么单据名称。

② 省去标题。在第一行空两格后写上"今借到"、"今收到"、"今欠"、"今领到"作为标题，而正文的其他内容放在下一行顶格写，这是一种省去标题的写法。

2. 正文

单据的内容，要明确收、领、借、还，并说明具体情况，把要写的内容、事由具体化，说明白。即要明确立据双方的关系，写明借到或收到、领到或欠什么单位（或什么人），什么物品，多少数量，以及立据的时间、期限等。

3. 结语

一般另起一行，空两格，写上"此据"。

4. 落款

要求在右下方，写上自己的单位名称，经手人姓名，并签字盖章，表示负责。在署名之下写明立条据的具体时间。

五、单据写作的基本要求

在立条据时，不论所立条据是凭据性的还是说明性的，都必须遵守一些共同的要求。

1. 立据语言要简单、准确

（1）简单　单据通常用来表达较为简单的内容。复杂的内容则不宜用单据表述。一般情况下，一张单据只能说明一件事，单据的语言应简洁明了。

（2）准确　单据的语言应当准确无误，不要在单据上涂涂改改、乱增乱删，尤其是文字和数字，不能有任何涂改。若发现遗漏或错误时应另立据。

2. 立据用具

对于条据写作时所用的纸张，虽不必过于挑剔但也应有选择。条据的用纸应整洁、干净、耐折。污损、折皱、不易书写、不易保存的纸张不宜用来立据。

立据时最好选用钢笔、毛笔或签字笔，并用黑色或墨汁书写。

注意事项如下。

① 文面上不要留太多的空白。

② 要分清大小写。

③ 文字表述要清楚。

④ 姓名、日期要齐全。

⑤ 数字书写要准确。

a. 涉及财物金额要大写：零，壹，贰，叁，肆，伍，陆，柒，捌，玖，拾。

b. 在数额前后不能留下空白，以防增添涂改；如果是现金，在金额前应先写上币种，如"人民币"三个字，后面接着写数额，在数额后面写上量词名称，如"元"，然后加写一个"整"字，以示完结，防止作弊。

⑥ 凭证单据不得任意涂改。如需改动，应在改动处加盖印章，以示负责，避免纠纷。

思考题

1. 借条与欠条有哪些区别？

2. 写单据有哪些基本要求？

第十一节　对　　联

情境导入

每年春节，李×都要写很多副春联，不仅自己家贴，而且还送给左邻右舍，他写的春联字体漂亮大气，寓意美好喜庆，大家都喜欢。

你了解对联吗？写作对联有哪些讲究？

实例阅读

【例文】

带横批的对联

共享锦绣年华	相伴健康天使	福如东海
一年四季春常在	万紫千红永开花	喜迎新春
喜居宝地千年旺	福照家门万事兴	喜迎新春
一帆风顺年年好	万事如意步步高	吉星高照
春雨丝丝润万物	红梅点点绣千山	春意盎然

五湖四海皆春色　万水千山尽得辉　万象更新
一帆风顺吉星到　万事如意福临门　财源广进
迎新春江山锦绣　辞旧岁事泰辉煌　春意盎然
多劳多得人人乐　丰产丰收岁岁甜　形势喜人
福旺财旺运气旺　家兴人兴事业兴　喜气盈门

无横批对联

六畜兴旺　　五谷丰登
海为龙世界　天是鹤家乡
云卷千峰集　风驰万壑开
勤乃摇钱树　俭是聚宝盆
劳动传家久　勤俭继世长
人勤三春昌　地肥五谷丰
大地春光好　农村气象新
和风吹绿柳　时雨润春苗
红梅铮骨傲雪　桃李笑颜迎春
春满勤劳门第　喜融幸福人家
冬去山明水秀　春来鸟语花香
春自寒梅唤起　香由乳燕衔来
国强家富人寿　花好月圆年丰
好山好水好景　新岁新春新人
爆竹一声除旧　春联万户更新
春风春雨春色　新年新岁新景
年丰人寿福满　鸟语花香春浓
笑盈盈辞旧岁　喜滋滋迎新春
年丰德茂福盛　家旺国兴人和

四字横批

一心耕耘　　一帆风顺　　一心一德　　二人同心
三元及第　　三阳开泰　　四时如意　　四季呈祥
四海升平　　四季平安　　四世同堂　　四海同春
五世其昌　　五谷丰登　　五福临门　　门盈五福
六合同春　　六事修治　　十年生聚　　百年树人
百事大吉　　恩泽千秋　　向阳门第　　积德人家
幸福人家　　春意盎然　　鹏程万里　　万象更新

国泰民安	钟灵毓秀	勤劳致富	人杰地灵
万事大吉	大展宏图	物华天宝	万事如意
松风竹韵	时和岁好	人寿年丰	繁荣昌盛
民生在勤	春光明媚	福地洞天	祥云北至
招财进宝	勤劳致富	五谷丰登	春和景丽
梅开五福	江山不老	国泰民安	

必备知识

一、对联的概念

对联是一组对仗工整、平仄协调、言简意深的对偶语句，分上下两联，一般张贴、悬挂或镌刻在门、厅堂及柱子上，也叫楹联或对子。

对联既有实用价值又有欣赏价值，应用范围十分广泛，是人们喜闻乐见的一种艺术表现形式，是中华民族独有的文化瑰宝。

二、对联的种类

对联种类繁多，按照不同的分类标准，可以分成不同的种类，这里介绍几种常见的分类。

1. 按照使用的范围，可分为行业联和通用联

① 行业联具有鲜明的行业特点，只适合于某个行业使用。

酒店业的对联：

醉里乾坤大　　壶中日月长

教育业的对联：

为国育才百年大计　　献身从教满腹忠诚

供水业的对联：

取之须省用之须节　　珍水如油爱水如珠

气象业的对联：

测地推天知气象　　观风察雨报阴晴

② 通用联是指应用范围广、适应性强，各行各业都可以使用的对联。如：

人寿业兴歌盛世　　风调雨顺庆丰年

2. 按照使用的时间，可分为节庆联和春联

① 节庆联是用于节日、庆典的对联。如元宵节、端午节、重阳节、妇女节、劳动节、青年节、儿童节、国庆节等；许多有特色的地方节日，

如风筝节、牡丹节、美食节等；还有地域性或单位乃至个人的纪念性庆典，如校庆、厂庆、生日庆等。

② 春联则是针对春节的对联。因为春节是中华民族一个特殊的节日，普天同庆，家家户户都要贴春联。春联的内容既有对上年的总结，又有对来年的祈盼；既有对前人的感恩，又有对来者的期望。喜气、祥和、祈福祈寿是春联的主题。如：

一元复始，春风苏大地　　百业兴隆，政策暖人心

3. 按照贴挂的位置，对联可分为门联、楹联、堂联或厅联、名胜联、戏台联等

① 门联和楹联是贴在门口和柱子上的对联。如：

福星高照勤劳宅　　喜气长留俭朴家

② 堂联或厅联是贴在室或厅内的对联。如：

传家有道唯忠厚　　处世无奇但率真

③ 名胜联是张贴或悬挂于名胜景点的对联。如小孤山的对联：

青山不墨千秋画　　流水无弦万古琴

④ 戏台联是张贴在戏台两侧的对联。如：

四五人千军万马　　七八步万水千山

4. 按照对联具体字数的多少，可分为四字联、五字联、六字联、七字联、八字联、九字联、几十字联、几百字的长联等

5. 按照对联字数多少，还可以分为长短联

长短联定为在十一字以上为长联，七字以下为短联。如湖北黄鹤楼的长联：

何时黄鹤重来，且自把金樽，看洲渚千年芳草

今日白云尚在，问谁吹玉笛，落江城五月梅花

数千年胜迹，旷世传来，看凤凰孤屿，鹦鹉芳洲，黄鹤渔矶，晴川杰阁，好个春花秋月，只落得剩水残山！极目古今愁，是何时崔颢题诗，青莲搁笔（上联）

一万里长江，几人淘尽？望汉口夕阳，洞庭远涨，潇湘夜雨，云梦朝霞，许多酒兴风情，尽留下苍烟晚照！放怀天地窄，都付与笛声缥缈，鹤影蹁跹（下联）

6. 按照表达的情感不同，可分为喜庆联和哀挽联

① 喜庆联是用以表示对喜事的恭喜、祝贺、祝福的对联。通常有婚嫁、生育、建房、乔迁、开业、晋级、升职、参军、生日等。如：

欢庆此日成佳偶　　欣喜今朝结良缘

新居落成云绕屋　　华堂集瑞日临门

天增岁月人增寿　　福满乾坤富满门

② 哀挽联是悼念或追思亡者的对联。如：

望断天涯心欲碎　　燃残蜡烛泪难干

大地黄花凝血泪　　长河碧水诉哀思

7. 按照上下联之间的内容关联情况，对联可以分为正对、反对、流水对

① 正对，上下联的内容相似，从不同的角度说明大致相同的道理。如：

室雅何须大　　花香不在多

风起云行快　　山高月上迟

② 反对，上下联的内容相反，对比鲜明，从正反两方面说明同一问题，在对比中突出表达效果。反对往往形似相反，实则一致，是从正反两面说明同一主题，所以，有时比正对更为生动鲜明一些。如：

青山有幸埋忠骨　　白铁无辜铸佞臣

③ 流水对，上下联在内容上是前后相承一致的关系，两句合起来是一个整体，上下联有承接、递进、因果、条件等，也称"串对"。如：

但是人家有遗爱　　曾将诗句结风流

三、对联的结构与写法

完整的对联包括上下联和横批。

1. 上下联

对联的上下联和相对的字词句需要符合字数相等、词性相同、结构相应、句式相似、内容相关、平仄相对等条件，这样的两行字才能构成一副对联。同时注意一些写作技巧和修辞手法等的运用。

（1）字数相等　对联的字数可多可少，但是两联字数必须相等，这是与它"立"起来分别悬挂张贴的用途相适应的。字数相等，可以给人以匀称雅观、平衡舒适的美感。如：

遥望西南，建几处依山亭树

近看西北，造三间临水轩斋

（2）词性相同　上下联相对应位置的词语词性相同，分别相对，即名词对名词、动词对动词、副词对副词、形容词对形容词、数词对数词、虚词对虚词、实词对实词等。如：

　　白　　　　　　　　黑

来　　　　　　往

青天　　　　　　碧海

风萧萧　　　　　雨蒙蒙

大漠孤烟直　　　长河落日圆

豪语刘邦分大小　鸿文宋玉判雌雄

（3）结构相应　上下联在句法结构上互相照应，即主谓结构对主谓结构、动宾结构对动宾结构、偏正结构对偏正结构、复句对复句。如：

修身治学心须静　　待世交人品欲贤

（4）句式相似　对联字数多少可以视使用情况而定，不拘一格，灵活掌握，也没有固定的句式。但就一副对联来讲，上下联的句式必须是一致的，否则，就是"失对"，不能称其为对联。比如，有人取毛泽东诗两句为联：

春风杨柳万千条　　六亿神州尽舜尧

这就属于"失对"，上下联不仅在词性、结构上相差太远，而且句式也不同。上联是"二二二一"的结构，下联却是"二二一二"的结构，所以尽管它的意境很美，但不是对联。而有些诗句是可以成对联的，比如：

红雨随心翻作浪　　青山着意化为桥

（5）内容相关　上下联的内容如缺乏有机的联系，即使对偶再工整，也是毫无意义的。内容相关就是要使上下联置于同一个特定的范围之中，在表达的主题上要有必然的联系。有上下联的内容相似的正对，有上下联的内容相反、对比鲜明的反对，还有上下联的内容前后相承一致的流水对。

（6）平仄相对　对联要求平仄相对，平仄相间，最起码"仄起平落"，即上联以仄声收，下联以平声落，读起来朗朗上口。如：

时雨点红桃千树　　春风吹绿柳万枝

（7）写作技巧　在对联的创作中，要重点把握好"对"、"工"。

①重在一个"对"字。"对"的含义是指上下联整体或相对应的部分应该满足以下几个方面的要求：字数相等，词性相同，结构相应，句式相似，内容相关，平仄相对，气势相当。气势相当，即下联的气势要比得上或称压得住、敌得过上联，最好能比上联气势更大一些。讲求气势是对联的独到之处，也是比律诗的对仗要求更严格的地方。

②精在一个"工"字。对联在原则上应为工对（巧联、趣联除外），即对仗通常力求工整，不仅要求动词、形容词、数词、颜色词、方位词、虚词等只能自身相对，而且名词也还需分得更细，进一步分为许多门类，

诸如：天文、地理、时令、服饰、形体、人伦、植物、动物、宫室等。总之，分得越细，对得越工。如：

悲欢聚散一杯酒　　南北东西万里程

上句悲欢与聚散自对，下句南北与东西自对。

又如清刘坤一题南昌滕王阁联：

兴废总关情，看落霞孤鹜，秋水长天，幸此地湖山无恙

古今才一瞬，问江上才人，阁中帝子，比当年风景如何

上联"兴"与"废"一字自对，"落霞孤鹜"与"秋水长天"四字自对；下联"古"与"今"一字自对，"江上才人"与"阁中帝子"四字自对。

当然，尽管自对可宽或严，但作为联句还是以对仗工整为上。无论哪种对仗，都要注意颜色、数目和方位词的对仗，这是工对的基础。

（8）对联的修辞方法　为了使对联生动形象，真切感人，能够淋漓尽致地表达作者的意思，达到预期的效果，拟联时往往会使用一些修辞方法，常见的有以下几种。

① 比喻，可以使表达的内容更生动形象。如：

勤是摇钱树　　俭为聚宝盆

红梅并蒂相映美　　矫燕双飞试比高

② 排比，几个相同的句式连续运用，充分铺陈，增强气氛，使表达的内容情感更有气势、更强烈，造成一气呵成的效果。如：

似朝霞，似烈火，英雄热血丹心谱

如五岳，如三江，志士豪情正气歌

沧海日，赤城霞，峨眉雪，巫峡云，洞庭水，彭蠡烟，湘江雨，武夷峰，庐山瀑布，合宇宙奇观绘吾斋壁

少陵诗，摩诘画，左传文，马迁史，薛涛笺，右军帖，南华经，相如赋，屈子离骚，汇古今绝艺置我轩窗

③ 拟人或拟物，使表达的内容更生动形象、更深刻。如：

君能使鬼　　人尽呼兄

这是副拟人联，看似说人，实则说"钱"。自古有"有钱能使鬼推磨"的说法，钱又被人称为"孔方兄"。

春风放胆来疏柳　　夜雨瞒人去润花

这副对联用了拟人的手法，非常生动有趣。

④ 借代，借用一种事物的特点来说明另一种事物，可以使抽象的内

容变得具体可感。如：

宝剑锋从磨砺出　　梅花香自苦寒来

用上下联的两种事物来说明渊博的学识、高超的本领、精湛的技艺需要下苦工夫求得的道理。

⑤ 设问，有问有答，上联提出问题，下联作答，可引人思考。如：

万卷诗书，谁能览尽　　千秋功罪，我可说清

读不如行，使废读，将何以行

蹶方长知，然屡蹶，讵云能知

这是副格言联，先从正面提出，又从反面设问，使论证更全面。

⑥ 反诘，可引人思考，往往内容深刻。如：

只有几文钱，你也求，他也求，给谁是好？

不做半点事，朝来拜，暮来拜，使我为难！

这是某寺庙的门联，模拟被参拜的神仙的口气，谕人还是"做事"为要。用反问手法，幽默风趣，增强了效果。

⑦ 用典，使用典故，针对现实，引发联想，寓难尽之意于言外，也可以收到言简意赅的效果。如：

秀雅文体，清亮之音　　兰慧之质，柳絮其才

立品早防冯妇虎　　读书不好叶公龙

这副格言联用了两个典故。冯妇，人名。《孟子》《尽心》下："晋人有冯妇者，善搏虎，卒为善士。则之野，有众逐虎，虎负嵎，莫之敢撄。望见冯妇，趋而迎之。冯妇攘臂下车，众皆悦之，其为士者笑之。"后以"冯妇"指重操旧业者。上联用了这个典故，意在做事要锲而不舍。叶公好龙的故事人人皆知，下联是说对于读书，要真的喜欢，不要像叶公好龙一样，是假喜欢。

⑧ 摹状，用象声词或象形词摹拟其声或形，以求如闻其声、如见其形。如：

鸟道幽幽，云至岸边涌出　　羊肠曲曲，路从天外飞来

这副联的"幽幽"、"曲曲"是摹状的。

寺千年，常敲着叮叮咚咚晨钟暮鼓

阳春三月，可听到吱吱呀呀竹笛山歌

这副联的"叮叮咚咚"、"吱吱呀呀"是摹声的。

⑨ 夸张，夸大或缩小，极力渲染，都能起到形象、传神的表达效果。如：

绍兴东湖仙桃洞一副对联：

洞五百尺不见底　　桃三千年一开花

昆明西山顶凌虚阁有联：

仰笑宛离天尺五　　登临恰在水中央

上联夸张得很传神。

⑩ 反复，重复是表达一忌，但有时有意使用反复手法，却常使意境出新。如借助谐音，利用汉语一词多义，一字多音的特点，出奇制胜。如：

海水朝朝朝朝朝朝朝落　　浮云长长长长长长长消

⑪ 顶真，后面词语的首字承接前边词语的尾字。如：

一丝风，风吹皱满江春水　　三尺浪，浪淘尽千古英雄

⑫ 双关，利用汉字的同音异义特点，似说甲，实指乙，一语双关，含而不露。如：

两舟并行，橹速不如帆快　　八音齐奏，笛清难比萧和

因荷而得藕　　有杏不须媒。

上联的"荷"指"何"，"藕"指"偶"；下联的"杏"指"幸"，"梅"指"媒"。这是明代首辅李贤选婿的一个佳话，上联用谐音，意思是因何得到的佳偶？下联的意思是有幸是自己为女儿选婿，就不需要媒人了。运用谐音双关，虚实相生，有趣在理。

⑬ 回文，就是顺读、倒读皆成诗句，而内容不变的修辞法。如：

雾锁山头山锁雾　　天连水尾水连天

客上天然居　　居然天上客

2. 横批

① 横批指同对联相配的横幅，也叫横额，它特指贴（刻）在门联上方正中央的、与竖写的门联有联系的横写条幅，属于对联在运用中的组成部分。

② 一般常用的横批均为四个字，如"一门吉庆"、"万象更新"、"人寿年丰"等。有时也用三个字或五个字，例如："永安居"、"家和万事兴"等。横批的字一般不宜太多，它不讲平仄，也不需对偶，但是横批用字要避免与对联相同。如：

盛世千家乐　　新春百家兴　　欢度佳节

五湖四海皆春色　　万水千山尽得辉　　万象更新

一帆风顺吉星到　　万事如意福临门　　财源广进

冬去山川齐秀丽　喜来桃里共芬芳　　新年大吉

福旺财旺运气旺　家兴人兴事业兴　　喜气盈门

内外平安好运来　合家欢乐财源进　　吉星高照

③ 古代对联的横批是从右向左念，现在人们早已习惯从左向右念。因此，在写横批时，应按现在人们习惯，从左向右写。横批绝不是横着写的几个字，它与门旁贴的对联有着本质、必然的联系。如：

勤劳二字生财树　俭朴双言聚宝盆　　勤俭持家

粮丰林茂牛羊壮　鱼美虾肥蟹蚌鲜　　喜庆丰收

院满春晖春满院　门盈喜气喜盈门　　欢度佳节

④ 横批的作用在于充当对联的眉目，揭示主题思想。它能启发读者领会全联的中心思想，对主题进行集中概括或补充衬托，画龙点睛。横批与上下联相得益彰，浑然一体，增加美感。如：

春满人间百花吐艳　福临小院四季常安　　欢度春节

一帆风顺年年好　万事如意步步高　　吉星高照

发愤图强兴大业　勤劳致富建小康　　科技致富

思考题

1. 对联的上下联按照内容的关联性可以分为哪几类？

2. 对联的上下联的写作有哪些注意的问题？

第六章

▶▶▶▶▶▶▶▶

经济文书主要指单位、组织或个人在经济管理与活动中所使用的涉及经济内容的应用文体。

经济文书在人们的日常工作和生活中扮演着重要的角色，也是人们常使用和接触的一类文书。

本章主要介绍几种常见的经济文书：意向书、合同、协议书、招标书、投标书、策划书、商业广告、市场调查报告、经济活动分析报告和审计报告。

第一节 意 向 书

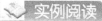 情境导入

> A村地处山区，新一届村委一班人为改变山村面貌，带领村民致富，决定根据本村自然、地理、农业等条件，开发建设观光生态园，形成农、林、果、粮、渔等综合农业生态景观，同时发展旅游观光业。经过招商等程序，A村将和×××公司初步签订项目建设意向书。
>
> 你了解意向书吗？意向书和合同是一回事吗？

实例阅读

【例文】

农村土地承包经营权委托流转意向书

甲方（委托方）：　　　　　　　　　　乙方（受托方）：
地址：　　　　　　　　　　　　　　　　地址：
联系电话：　　　　　　　　　　　　　　联系电话：

甲方、乙方就农村土地承包经营权流转事宜，为明确双方的合作意向及权利义务，特订立本意向书条款如下：

一、甲方委托乙方将＿＿＿＿＿＿＿亩土地承包经营权以＿＿＿＿＿＿方式（转包、出租、互换、股份合作）流转他人，从事＿＿＿＿＿＿＿＿生产经营。

二、土地委托流转期限为＿＿＿＿年，自＿＿＿＿年＿＿月＿＿日起至＿＿＿＿年＿＿月＿＿日止（最长不得超过土地承包期剩余期限）。

三、甲方授权乙方按每亩每年（大写）＿＿＿元进行流转，土地实现流转后，甲方按每亩每年（大写）＿＿＿元的标准收取土地流转收益。

四、流转面积最终按实际丈量面积确定。

五、甲方授权乙方与土地受让方协商流转事宜并代为签订土地委托流转合同，监督土地受让方履行流转合同约定。

六、本意向书已确定之内容将作为日后签订的正式土地流转协议的条款，在合同中予以明确。

七、本意向书正本一式两份，双方各执一份，如有未尽事宜，经双方协商同意后签订补充条款。

甲方签字（见农村委托流转名单）　　乙方（代理人签字、盖章）

　　年　月　日　　　　　　　　　　　　年　月　日

附　农户委托流转名单

承包权证户主姓名	面　积	户主签名

注：本意向书适用于农户委托村经济合作社时参考使用。

📖 **必备知识**

一、意向书的概念

意向书是指双方或多方，就某一合作项目，在正式签订条约、达成协议之前，由一方向另一方表明基本态度或提出初步设想的一种具有协商性的文书。

意向书是签订协议（合同）的前奏，为下一步正式签订协议（合同）奠定了基础，多用于经济技术的合作领域。

二、意向书的作用

意向书的主要作用是传达"意向"，不具有强制性的法律效力，其作用主要表现在以下几个方面。

① 可用来向主管部门上报备案，作为立项的依据。

② 可作为合作各方进行实质性谈判的客观的、基本的依据。

③ 便于合作各方开展后续工作。

三、意向书的特点

意向书有以下基本特点。

1. 协商性

（1）意向书是共同协商的产物，也是今后协商的基础。在双方签署之后，仍然允许继续进行协商修改，有时甚至可以提供几种方案，供今后谈判协商时选择。

（2）写意向书多用商量的语气，不带任何强制性。有时还用假设、询问的语气。

2. 临时性

意向书只是表达谈判的初步成果，为今后的谈判作铺垫，所以一旦经过深入谈判，最终确定了合作双方的权利和义务时，意向书便完成了使命。

3. 灵活性

意向书不像协议、合同那样，一经签约不能随意更改，意向书比较灵活，在协商过程中，当事人各方均可按各自的意图和目的提出意见，在正式签订协议、合同前亦可随时变更或补充，最终达成协议。

4. 原则性

意向书的各项条款是就一些重大问题做出原则性的确定，而不是就一些具体问题分项列款表述，更不涉及具体细则。这样才可能求同存异，取得较为满意的结果，为下一步协商留下余地。

四、意向书的分类

意向书按其签署方式可分为以下几种。

1. 单签式意向书

只由出具意向书的一方签署，但文件一式两份，由另一方在副本上签字盖章，交付对方。

2. 双签式意向书

即联合签署式，各方同时签署，然后各执一份为凭。这种形式比较郑重，也是最常用的。重要的合作意向书签字一般还要举行仪式。

3. 换文式意向书

即双方以交换信件的形式表达合作的意向。形式与外交上的"换文"相同，而内容是合作事务，仍属合作意向书的一种。

五、意向书的写法

意向书在结构上包括标题、立约单位、正文、尾部四部分。

1. 标题

意向书的标题有三种形式：

① 只写"意向书"三个字。

② 在"意向书"前写出协作内容，如《合资经营果汁加工厂意向书》。

③ 在协作内容前标明协作各方的名称，如《××科研所与××科技有限责任公司联合开发××产品意向书》。

2. 立约单位

列出立约当事人各方的名称、地址、电话、邮编、传真等，并在名称后加括号注明"以下简称甲方"、"以下简称乙方"。

3. 正文

正文包括引言、主体两部分。

（1）引言（开头） 写明签订意向书的依据、缘由、目的以及双方当事人在何时何地由何人就何事进行洽谈，然后用"达成意向如下"引出主体。

（2）主体 分条归纳双方的意愿。对实现意愿的条件、形势、可行性的看法以及意向目标和相应措施，进一步商谈的时间、内容、级别、任务等加以说明。一般来说，主体部分还应写明未尽事宜的解决方式，即还有哪些问题需要进一步洽谈，洽谈日程的大致安排，预计达成最终协议的时间等。最后应写明意向书的文本数量及保存者，如是中外合资项目，还应注明意向书所使用的文字。如果是单签式，还应申述己方意图，征询对方的意见。

主体部分的语言相对比较平和，具有相互协商的性质，一般不随便使用"必须"、"应为"、"否则"之类的词语。另外，意向书因不具有法律约束力，所以不必写违反约定应承担什么责任的条款。

4. 尾部

意向书的尾部包括：签订意向书各方当事人的法定名称、谈判代表人的签名、签订意向书的日期。

六、意向书的写作注意事项

① 注意态度要端正，不要以为意向书没有约束力就可随意签订，否则损害自己的形象。

② 注意慎重行事，撰写意向书时对关键性问题不宜贸然做出实质性承诺，以免被动。

③ 注意原则性，意向书不要写有违政策法规的内容，也不要承诺属于上级部门和其他部门才能解决的问题。

思考题

1. 意向书有哪些特点？
2. 意向书在结构上包括哪些内容？

第二节 合 同

情境导入

桃花镇桃花村并入城镇后，桃花村村民孟×准备在镇上开办少儿武术班，租赁兴唐房地产开发有限公司兴唐大厦6楼的3个写字间，他需要和该公司签订一份租赁合同。

你了解合同吗？签订合同需要注意哪些问题呢？

实例阅读

【例文】

房屋租赁合同

出租方：（以下简称甲方）　　　　承租方：（以下简称乙方）

地址：　　　　　　　　　　　　　地址：

法定代表人：　　　　　　　　　　法定代表人：

根据《中华人民共和国合同法》及有关规定，为明确甲方与乙方的权利义务关系，双方在自愿、平等、等价有偿的原则下经过充分协商，特定立本合同。

第一条　租赁内容

一、甲方将位于××镇××区××号房屋租赁给乙方。甲方对所出租的房屋具有合法产权。

二、甲租赁给乙方的房屋建筑面积为×平方米，使用面积为×平方米。

三、甲方同意乙方所租房屋作为经营用，其范围以乙方营业执照为准。

四、甲方为乙方提供的房间内有：消防设施及供配电等设备。上述设备的运行及维修费用，包含在租金之内，乙方不再另行付费。

第二条　租赁期限

五、租赁期×年，自××××年×日起至××××年×月×日止。

第三条　租金及其他费用

六、合同有效年度租金共计为_____元（人民币）。

七、每一个租赁年度按月计算。

八、电费按日常实际使用数（计量）收费，每月10日前交上月电费（甲方出示供电局收费发票）。其他费用，双方协商补充于本条款内。

第四条　双方的权利和义务

九、甲方

（一）甲方应保证所出租的房屋及设施完好并能够正常使用，并负责年检及日常维护保养、维修；凡遇到政府部门要求需对有关设施进行改造时，所有费用由甲方负责。

（二）对乙方所租赁的房屋装修或改造时的方案进行监督和审查并及时提出意见。

（三）负责协调本地区各有关部门的关系，并为乙方办理营业执照提供有效的房产证明及相关手续。

（四）甲方保证室内原有的电线、电缆满足乙方正常营业使用，并经常检查其完好性（乙方自设除外），发现问题应及时向乙方通报。由于供电线路问题给乙方造成经济损失，甲方应给予乙方全额赔偿。

（五）在合同期内，甲方不得再次引进同类商户。如违约应向乙方赔偿_____元人民币经济损失费，并清除该商户。

（六）甲方应保证出租房屋的消防设施符合行业规定，并向乙方提供管辖区防火部门出具的电、火检验合格证书复印件。

（七）上述设备、设施出现问题甲方应及时修复或更换，如甲方不能及时实施，乙方有权代为修复或更换，费用（以发票为准）由房租扣除。

十、乙方

（一）在国家法律、法规、政策允许的范围内进行经营及办公。

（二）合同有效期内，对所租赁的房屋及设施拥有合法使用权。

（三）按合同内容交纳租金及其他费用。

第五条　付款方式及时间

十一、乙方在签订合同时付给甲方_____元人民币为定金，在正式入住后五日内将第一月的租金_____元人民币付给甲方。

十二、乙方从第二次付款开始，每次在本月前5天交付。

十三、乙方向甲方支付的各项费用可采用银行转账、支票、汇票或现金等方式。

第六条　房屋装修或改造

十四、乙方如需要对所租赁房屋进行装修或改造时，必须先征得甲方书面同意，改造的费用由乙方自负。在合同终止、解除租赁关系时，乙方装修或改造与房屋有关的设施全部归甲方所有（可移动设施除外）。

第七条　续　　租

十五、在本合同期满后，乙方有优先续租权。

十六、乙方如需续租，应在租期届满前两个月向甲方提出，并签订新租赁合同。

第八条　变更、迁址、合并及保险等

十七、甲方和乙方中任何一方法定代表人变更、企业迁址、合并，不

影响本合同继续履行。变更、合并后的一方即成为本合同当然执行人，并承担本合同的内容之权利和义务。

十八、本合同的某项条款需要变更时，必须用书面方式进行确定，双方订立补充协议，接到函件方在十天内书面答复对方，在十天内得不到答复视为同意，最后达成补充协议。

十九、双方各自办理财产保险，互不承担任何形式之风险责任。

二十、乙方营业时间根据顾客需要可适当调整。

第九条　违　　约

二十一、甲乙双方签订的房屋租赁合同，乙方已交纳定金后，甲方未能按期完好如数向乙方移交出租房屋及设备，属于甲方违约。甲方每天按年租金的1‰向乙方支付延期违约金，同时乙方有权向甲方索回延误期的定金，直至全部收回终止合同。

二十二、在合同有效期内未经乙方同意，甲方单方面提高租金，乙方有权拒绝支付超额租金。

二十三、任何一方单方面取消、中断合同，应提前两个月通知对方。

二十四、乙方未按时向甲方支付所有应付款项属于乙方违约，每逾期一天，除付清所欠款项外，每天向甲方支付所欠款1‰的违约金。超过60日甲方有权采取措施，收回房屋。

二十五、因不可抗拒的因素引起本合同不能正常履行时，不视为违约。甲方应将乙方已预交的租金退还给乙方。

二十六、因甲方原因使乙方未能正常营业，给乙方造成经济损失，由甲方承担责任并赔偿乙方经济损失。

第十条　合同生效、纠纷解决

二十七、本合同经甲乙双方单位法定代表人或授权代理人签字后，乙方交付定金后生效，即具有法律效力。

二十八、在本合同执行过程中，若发生纠纷，由双方友好协商，如协商不成时，可诉请房屋所在地人民法院解决。

二十九、本合同未尽事宜，由甲乙双方协商解决，并另行签订补充协议，其补充协议与本合同具有同等法律效力。

三十、甲乙双方需提供的文件作为本合同的附件。

三十一、本合同正本一式两份，甲乙双方各执一份。

第十一条 其 他

三十二、本合同正文共五页，随本合同共四个附件：

1. 甲方有效房产证明复印件
2. 用电及防火安全合格证复印件
3. 甲方营业执照复印件
4. 乙方营业执照复印件

甲方：　　　　　　　　　乙方：

法人：　　　　　　　　　法人：

注册地址：　　　　　　　注册地址：

开户银行：　　　　　　　开户银行：

账号：　　　　　　　　　账号：

签字地点：　　　　　　　签字地点：

签字日期：　　　　　　　签字日期：

必备知识

一、合同的概念

合同，通常也叫合约或契约。合同是平等主体的自然人、法人、其他组织之间设立、变更、终止民事权利义务关系的协议。

二、合同的特点

1. 合法性

① 当事人订立、履行合同，应当遵守法律、行政法规，尊重社会公德，不得扰乱社会经济秩序，不得损害社会公共利益。合同的内容要符合《中华人民共和国合同法》（以下简称《合同法》）《合同法》的规定。

② 依法成立的合同，对当事人具有法律约束力。当事人应当按照约定履行自己的义务，不得擅自变更或者解除合同。依法成立的合同，受法律保护。

2. 平等互利性

① 签订合同的双方或多方的法律地位是平等的，一方不得将自己的意志强加给另一方。

在合同关系中，当事人无论是法人还是自然人，无论地位级别高低如何，其法律地位是平等的，都平等地享有决定是否订立合同、同谁订立合同、合同的内容及合同的形式的自由。

② 合同条款中，权利、义务也是相互的、对等的，不能将其建立在损害对方或他方的利益之上。合同内容也应是等价有偿的。

3. 协商一致性

① 合同是自愿协商的产物，合同的内容表达的是当事人彼此一致的意愿。当事人需要经过充分的协商，明确各自应承担的义务和应享有的权利，没有充分表达意愿、草率成文的合同，是难以保证实施以及最终实现经济目的的。

② 在履行合同过程中，如需要变更合同条款，也要重新协商补签，任何未经当事人协商而改变合同者，要承担违约责任。

4. 格式的规范性

合同在书面形式上有严格的写作格式和规范。

5. 语言的严密性

合同是当事人权利和义务的约定，它与当事人的权利紧密相连。在语言上要准确无误，不能有任何疏忽和遗漏。

三、合同的作用

① 有利于保护当事人的合法权益。

② 有利于规范市场交易活动，维护社会经济秩序，提高经济效益。

③ 有利于加强国家对企业的管理和监督。

④ 有利于企业加强经济核算和经营管理。

四、合同的种类

合同的种类有多种分法。

（1）**按时间分**　有长期合同、中期合同、短期合同。

（2）**按订立形式分**　有书面形式合同、口头形式合同、推定形式合同和默示形式合同。

（3）**按写作形式分**　有条款式合同、表格式合同和表格条款结合式合同。

（4）**按内容分**　有买卖合同，供用电、水、气、热力合同，赠与合同，借款合同，租赁合同，融资租赁合同，承揽合同，建设工程合同，运输合同，技术合同，保管合同，仓储合同，委托合同，行纪合同，居间合同等。

① 买卖合同：出卖人转移标的物的所有权于买受人，买受人支付价款的合同。

② 供用电、水、气、热力合同：供方向用方供电（水、气、热力），用方支付费用的合同。

③ 赠与合同：赠与人将自己的财产无偿给予受赠人，受赠人表示接受赠与的合同。

④ 借款合同：借款人向贷款人借款，到期返还借款并支付利息的合同。

⑤ 租赁合同：出租人将租赁物交付承租人使用、收益，承租人支付租金的合同。

⑥ 融资租赁合同：出租人根据承租人对出卖人、租赁物的选择，向出卖人购买租赁物，提供给承租人使用，承租人支付租金的合同。

⑦ 承揽合同：承揽人按照定做人的要求完成工作，交付工作成果，定做人支付报酬的合同。承揽包括加工、定做、修理、复制、测试、检验等工作。

⑧ 建设工程合同：承包人进行工程建设，发包人支付价款的合同。建设工程合同包括工程勘察、设计、施工合同。

⑨ 运输合同：承运人将旅客或者货物从起运地点运输到约定地点，旅客、托运人或者收货人支付票款或者运输费用的合同。

⑩ 技术合同：当事人就技术开发、转让、咨询或者服务订立的确立相互之间权利和义务的合同。

⑪ 保管合同：保管人保管寄存人交付的保管物，并返还该物的合同。

⑫ 仓储合同：保管人储存存货人交付的仓储物，存货人支付仓储费的合同。

⑬ 委托合同：委托人和受托人约定，由受托人处理委托人事务的合同。

⑭ 行纪合同：行纪人以自己的名义为委托人从事贸易活动，委托人支付报酬的合同。

⑮ 居间合同：居间人向委托人报告订立合同的机会或者提供订立合同的媒介服务，委托人支付报酬的合同。

五、合同的格式与写法

合同在结构上一般包括标题、合同当事人名称、正文和尾部四部分。

1. 标题

标题是合同的名称，写在合同文本首页上方居中的位置。标题有以下几种写法：

（1）以合同种类为标题　如：《运输合同》、《租赁合同》。

（2）以合同的有效期限＋合同种类为标题　如：《2015年第一季度运输合同》。

（3）以合同标的＋合同种类为标题　如：《商品房买卖合同》、《劳斯莱斯汽车租赁合同》

（4）以单位名称＋合同种类为标题　如：《××矿务局、××货运公司货物运输合同》。

（5）混合式标题　如：《××经贸公司、××纺织厂2015年纺织品买卖合同》。

2. 合同当事人名称

立合同的双方写明单位名称（营业执照上核准的全称，不能写简称、代称、代号）、代表人姓名和住所等。写在标题之下。

为了行文方便，可以将当事人简称为"甲方"、"乙方"，或"供方"、"需方"，或"发包方"、"承包方"，或"出租方"、"承租方"，或"买方"、"卖方"，或"借款人"、"贷款人"，或"出租人"、"承租人"，或"定做人"、"承揽人"、或"发包人"、"承包人"等。但是这些需要在单位名称的括号里注明"甲方"、"乙方"等，不能写"你方"、"我方"。

3. 正文

正文一般包括开头和主体（条款）两部分。

（1）开头　合同的开头一般是说明合同制订的依据、目的。

基本写法如："根据《中华人民共和国合同法》及有关规定，为明确甲方与乙方的权利义务关系，双方在自愿、平等、等价有偿的原则下经过充分协商，特订立本合同如下条款"。

这一部分内容是不可缺少的，因为它体现了合同经过了要约和承诺的过程，合乎法定程序，具有法律效力。并用"主要条款如下"或"条文如下"，引出合同的具体内容。

（2）主体　主体是合同的主要部分，写明双方协议的主要条款。一般包括以下基本要素：标的、数量和质量、价款或酬金、履行的期限、地点和方式、违约责任和不可抗力、解决争议的办法等其他条款。

① 标的：标的是合同中权利和义务所共同指向的对象，是合同的中心内容。标的可以是物、货币、劳务、智力成果等，如房屋买卖合同的标

的是房屋，建筑工程合同的标的是工程项目。标的必须具体明确，没有标的的合同是无效合同。

② 数量和质量：这是指从数量和质量的角度对标的进行精确度量，它决定双方当事人承担的权利义务的大小、范围。数量是标的具体的计量，如借款金额、工作量等。要明确标的的计量单位，如吨、米、件等。质量是对标的质的要求，如产品、工程的优劣程度。应明确标的质量的技术标准（如国家标准、行业标准）、等级、检测依据等。没有标准可依据的，要明确双方协议的具体标准以及检验方法。

③ 价款或酬金：取得对方产品而支付的代价叫价款，获得对方的劳务或智力成果所支付的代价叫酬金。

价款或酬金是合同标的的价格，是合同双方当事人根据国家法律、政策和有关规定，对标的议定的价格，是合同一方以货币形式取得对方商品或接受对方劳务所应支付的货币数量。要明确标的的总价、单价、计算标准、付款方式、程序、结算方式，若与外国方面合作，要写明支付币种。在履行合同过程中，如果价格有变动，合同中有按国家统一调整的价格执行的，则按新价格执行，否则临时协商解决。

④ 合同履行的期限、地点和方式：履约期限就是合同的有效期限，是合同法律效力的时限和责任界限，过时则属违约。日期用公元纪年，年、月、日书写齐全。明确期限有利于双方合理安排生产和工作，所以必须订得具体、明确，使双方分清责任，按时完成任务。

地点是当事人履行合同义务、完成标的任务的地点。

履行方式是当事人履约的具体办法，如借贷合同的出资方要以提供一定的货币来履约；劳务合同的某一方要以提供某种具体的劳动服务来履约，如照看小孩、打扫卫生等。

⑤ 违约责任：这是对不按合同规定履行义务的制裁措施，即合同的当事人不能履约或不能完全履约时，所要承担的经济责任和法律责任。具体包括支付违约金、赔偿金和其他承担责任的法律形式等。

"违约责任"是履行合同的重要保证，也是出现矛盾分歧时解决合同纠纷的可靠依据。

⑥ 其他条款：其他条款是指除主要条款外，经双方当事人协商确定的其他条款。一般包括不可抗力条款和解决争议的方法等。

不可抗力条款：该项条款的作用是，如果发生了当事人不能预见、不能避免且不能克服的客观事故（如洪水、地震、台风等），而导致履行合同困难时，当事人便可根据这一条款，依据《合同法》规定，部分或全部免予承担责任。此条款的内容应包括不可抗力事故的范围、后果等。

解决争议的方法：此条款要约定在履行合同发生争议时解决问题的方式和程序，要明确注明是通过仲裁解决、协商解决还是诉讼解决。

4. 尾部

尾部是指合同的结尾和落款部分。主要包括：

① 合同的份数和文本保存，注明合同文本的保管方式，即合同一式几份及当事人保管的份数。一般是双方各执一份，起凭证作用，有的双方当事人的上级主管部门各执一份，有的还需交签证机关一份，起监督和保证作用。

② 落款，包括署名和日期。先写明合同双方的单位名称、签章、法定通讯地址、电子邮箱、电话号码、法人代表、银行账号、地点及签约日期等。

有些合同有特殊要求或有附件，也要在尾部注明。通常是在合同正文"其他条款"之后注明："合同附件、附表均为本合同的组成部分，且有同等的法律效力"。如工程承包合同要在"附件"中列出工程项目表、工程进度表、工程图纸等。这些附件、附表均标写在合同落款的最下方，即"年、月、日"以后的部位。

由于社会活动多种多样，合同也就有各自的特点和侧重点，拟订一份合同，在遵守国家法律、法规的前提下，还要视实际情况而定。

六、合同的写作要求

1. 遵守《合同法》，符合国家的法律、政策要求

订立合同，必须遵守国家的法律法规和政策，否则如果出现矛盾纠纷，不仅不受法律保护，而且还有可能依法追究合同订立人的法律责任。

① 签订者的资格必须符合法律规定，合法的签订者是法人和一部分公民。

② 合同的内容，订立的程序，合同的形式，直至合同的履行都必须符合法律的规定。

2. 合同的订立需要遵循一些基本原则

合同必须贯彻平等互利、协商一致、等价有偿、自愿、公平、诚信的原则。任何一方都不得把自己的意愿强加给对方。

3. 合同要规范

合同要规范，即合乎合同的一般写作格式、写作要求和必备的主要条款。

4. 合同的条款要完备、周详、具体、明确

合同条款是对合同当事人权利和义务的规定，直接关系到双方的经济利益和经济责任，内容必须完备、明确，避免遗漏、残缺和含糊不清。如标的物不仅要写明数量和质量，而且要写明计量单位、质量的技术要求和标准等。有的合同就是因为质量标准和检验手段不明确而发生纠纷。

5. 合同的订立要做好调查研究

一份合同能否成立、有效，能否全面履行，必须满足基本的有效条件，这些条件包括当事人要有合法资格，订立合同必须遵守国家法律，贯彻平等互利、协商一致、等价有偿的原则，履行法定的手续等。

首先要调查对方属于何种身份；其次要调查对方履行合同的能力，可以通过检阅证明文件、当面洽谈、现场考察、从旁调查等多种途径了解，避免不法分子利用合同买空卖空，或由于条件、设备等原因无法履行合同造成损失；再次要核查本单位履约的能力，签订合同还必须从己方实际出发，才能保证全面履行合同，否则就会招致违约而负违约责任。此外，签订合同前还要对社会、市场进行调查，多掌握一些情况，尽可能使合同订得切合实际，以确保质量。

6. 合同不得随意涂改或终止

合同一经签订，任何一方都不得随意涂改或终止。如果发现问题需要修改或终止，应经当事人协商同意，签订修改或撤销合同的协议书，将双方同意的修改意见作为附件附上，如在原件上修改，应加盖双方的印章报公证机关备案方才有效。

为防止伪造条款或增减页数，可在一式几份的合同上做一个相同的记号，如在骑缝处加盖印章等。

七、合同与意向书的区别

合同和意向书主要有以下区别。

① 意向书是地区之间、部门之间、单位之间以及国家领导层之间，就某些方面进行协作，经过商议而形成的意向性意见的纪要。它是双方表达各自意图和希望达到某种目的的文件，它的内容比合同、协议书更原则些。合同和协议书的内容比意向书更具体、更实际些。

② 合同是法律文件，具有法律效力；意向书不是法律文件，只是便于双方掌握情况，作为进一步签订合同、递交确认书或协议书的依据和准备，因此它只具有信用性，不具有法律效力，和备忘录有些近似。

思考题

1. 合同在内容上有哪些基本要素？
2. 签订合同需要注意哪些事项？
3. 合同书与意向书有哪些区别？

第三节 协 议 书

情境导入

由于一些原因，小萱的妈妈和外婆的户口在一个户口本上，小萱的妈妈是户主。因为占地，现在要分房了，每人可分 35 平方米。外婆想让小萱的妈妈将所分的房子分开，但是开发商又不同意，所以就只能分到一套 3 人的房子，其中有小萱的 35 平方米。后来小萱的父母商量决定，外婆的 35 平方米由小萱家出钱买断，共 8 万，房子的所有权归属妈妈。这样，小萱的妈妈需要和外婆立一份协议，和外婆共同商量解决此事。

请问这份协议怎么写呢？属于哪种协议？

实例阅读

【例文】

农村土地转让协议书

转让方（以下简称甲方）：＿＿＿＿＿＿＿＿＿

受让方（以下简称乙方）：＿＿＿＿＿＿＿＿＿

甲乙双方按照《中华人民共和国农村土地承包法》和《农村土地承包经营权流转管理办法》等有关法律法规和国家有关政策的规定，本着依法、自愿、有偿的原则，经双方协商一致，就农村土地承包经营权转让事宜，订立本合同。

一、转让标的

甲方将其承包经营的位于＿＿＿乡（镇）＿＿＿村＿＿＿组＿＿＿＿＿＿亩土地的承包经营权转让给乙方从事（主营项目）＿＿＿＿＿＿＿＿＿＿＿＿＿＿＿＿＿＿＿＿＿＿＿＿＿＿＿＿＿＿＿＿＿＿＿＿＿生产经营。

地块名称：＿＿＿＿＿＿＿坐落（四至）：＿＿＿＿＿＿

地块数：＿＿＿＿＿＿＿（块）　面积：＿＿＿＿＿＿（亩）

质量等级：＿＿＿＿＿＿＿＿（肥力水平）

备注

二、转让期限

转让的土地承包经营权年限为＿＿年，即自＿＿年＿＿月＿＿日起至＿＿年＿＿月＿＿日止（转让期限不得超过承包期的剩余年限）。

三、转让费

转让土地承包经营权的转让金为＿＿＿＿＿元。对甲方实际投入资金和人力改造该地块的补偿金为＿＿＿＿＿元（没有补偿金时可填写为零元）。

四、支付方式和时间

乙方采取下列第＿＿＿＿种方式和时间支付转让金和补偿金：

1. 乙方采用现金方式支付转让金和补偿金（无补偿金时可划去），支付的时间和方式为＿＿＿＿。（为＿＿年＿＿月＿＿日前一次或多次付清）

2. 乙方采用实物方式支付转让金和补偿金（无补偿金时可划去），实物为＿＿＿＿。支付的时间和方式为＿＿＿＿＿。（为＿＿年＿＿月＿＿日前一次或多次付清）

五、承包经营权转让土地的交付时间和方式甲方应于＿＿年＿＿月＿＿日前将转让土地交付乙方。交付方式为＿＿＿＿。〔双方须提请所在地乡（镇）人民政府农村土地承包管理部门、发包方、双方指定的第三者中的任一方鉴证，乙方应向甲方出具乙方签名的转让土地交付收据〕

六、承包经营权转让和使用的特别约定

1. 甲方转让土地承包经营权须经发包方同意，并由甲方办理转让认可手续，在合同生效后终止与发包方的承包关系。

2. 甲方交付的转让土地必须符合双方约定的标准。

3. 乙方依据合同获得土地承包经营权后须与发包方确立新的承包关系，办理有关手续。

4. 乙方获得土地承包经营权后，承包期内依法享有该土地的使用、经营决策、产品处置和收益等权利。

5. 乙方获得土地承包经营权后，必须按土地亩数承担国家政策规定的费用和其他义务。

6. 乙方必须管好用好承包土地，保护地力，不得掠夺性经营，并负责保护好承包土地上的林木、排灌设施等国家和集体财产。

7. 乙方不得改变土地的农业用途。

8. 其他约定：＿＿＿＿＿＿＿＿＿＿＿＿＿＿＿＿＿＿＿＿＿＿＿＿＿。

七、违约责任

1. 甲乙双方在合同生效后应本着诚信的原则严格履行合同义务。如一方当事人违约，应向守约一方支付违约金。违约金的数额为＿＿＿＿＿＿。

2. 如果违约金尚不足以弥补守约方经济损失时，违约方应在违约金之外增加支付赔偿金。赔偿金的具体数额依具体损失情况确定。

八、争议条款

因本合同的订立、效力、履行、变更及终止等发生争议时，甲乙双方应协商解决，协商不成的按下列第＿＿＿＿＿种方式解决：

1. 提请村民委员会、乡（镇）人民政府、农业承包合同管理机关调解；

2. 提请＿＿＿＿＿仲裁委员会仲裁；

3. 向有管辖权的人民法院提起诉讼。

九、生效条件

甲乙双方约定，本合同须经双方签字并经转让承包经营权土地的所在地乡（镇）人民政府农村经营管理机构鉴证、备案后生效。

十、其他条款

本合同未尽事宜，可经双方协商一致签订补充协议。补充协议与本合同具有同等效力。

本合同一式四份，由甲乙双方、发包方和鉴证单位各执一份。

甲方：（签章）＿＿＿＿＿＿＿＿＿　　乙方：（签章）＿＿＿＿＿＿＿＿

法定代表人：＿＿＿＿＿＿＿＿　　　法定代表人：＿＿＿＿＿＿＿

身份证号：＿＿＿＿＿＿＿＿＿　　　身份证号：＿＿＿＿＿＿＿＿

住址：＿＿＿＿＿＿＿＿＿＿＿　　　住址：＿＿＿＿＿＿＿＿＿＿

　　　　　　　　　　　　　　　　签约日期：＿＿＿年＿＿月＿＿日

鉴证单位（签章）：＿＿＿＿＿＿＿＿＿

　　　　　　　　　　　　　　　　签证日期：＿＿＿年＿＿月＿＿日

必备知识

一、协议书的概念

协议书又称协议，它是国家机关、社会团体、企事业单位之间，对某一事项，经过谈判协商，取得了一致意见后，共同订立的完成其议定事项的一种契约性文书。

二、协议书的作用

① 协议书作为契约的一种，将双方经过洽谈商定的有关事项记载下来，作为检查信用的凭证，一经订立，对签订各方具有约束作用。合同确定了各自的权利与义务，双方各执一份，作为凭据，互相监督、互相牵制，以保证合作的正常进行。

② 协议书是作为正式合同之前签订的比较原则的协定，起意向作用。有时当事人双方在商谈内容比较复杂的问题时，需要多次协商、谈判，时间就会很长。为了表明双方的合作诚意，肯定开始谈判的成果，在签订正式合同之前可先签订协议书，对某些问题作出规定。

③ 协议书是作为正式合同的补充，用于规定对已签订的合同的修订补充意见。有的合同在执行过程中，会发现有些条款不够完善，双方当事人同意对合同进行补充，这时可以使用协议书，这种协议书经双方签字盖章并报原合同鉴证机关后，就成为已订立合同的组成部分。

④ 协议书作为合同使用，协议书就是合同。

三、协议书与合同的区别

① 所有的合同都是协议，但并非所有的协议都是合同，合同是具有特定内容的协议。

合同是平等主体之间设立、变更、终止民事权利义务关系的协议。从这一概念中可以看出，合同与协议之间的逻辑关系：合同就是协议，但并非所有的协议都是合同。

② 协议书的内容比较原则、简单、概括，往往是共同协商的原则性意见；而合同内容明确、具体、详细，各方面的问题全面周到。

③ 协议书的适用范围广泛，可以是共同商定的各方面的事务；而合同主要是经济关系方面的事项。

④ 合同一次性生效，而协议书签订以后，往往就有关具体问题还需要签订合同加以补充、完善。

⑤ 在实践中，合同可以以不同的名称出现，如合同、合同书、协议、协议书，名字并不重要，关键是其内容。如果协议的内容写得比较明确、具体、详细、齐全，并涉及违约责任，即使其名称写的是协议，也是合

同；如果合同的内容写得比较概括、原则、很不具体，也不涉及违约责任，即使其名称写的是合同，也不能称其为合同，而是协议。

四、协议书的格式与写法

协议书通常由标题、立约单位、正文、尾部四部分组成。

1. 标题

标题有几种写法：

① 双方单位名称＋事由＋协议书。

② 事由＋协议书，如《出国留学协议书》。

③ 双方单位名称＋协议书，如《××厂与××公司协议书》。

2. 立约单位

写明签订协议书双方或多方当事人的单位和姓名等。

3. 正文

一般用分条列款将协议事项逐一列出。最后一般写明执行要求，注明有关事项。

4. 尾部

双方当事人、见证人、中介人的名称，并加盖印章，签署协议时间。

总之，协议书的格式与合同的格式相似。

思考题

1. 协议书的作用是什么？

2. 协议书与合同有哪些区别？

第四节 招 标 书

情境导入

A村至县城的一段路，高高低低，坑坑洼洼，路况很差，严重影响了村民进城和来往车辆运输。"要想富先修路",村委会决定用上级补贴资金和村民自筹资金修一条水泥混凝土路面的道路,全长约 6 公里[1],路基宽 5 米,路面宽 4.5 米。按山岭重丘三级公路标准测设,采用砼路面,设计洪水频率 2%。填方边坡采用 1∶1.5,挖方边坡采用 1∶1,拟采用土质边沟排水。这样的一个道路工程建设,村里无法完成,需要招标。

请问怎样拟定招标书呢?

【例文】

××镇××村村部建设招标书

××市××镇××村村部已由××市委组织部、发改局等部门批准建设,建设资金已基本落实,经村部建设招投标领导小组研究决定,现将该项目依照法定程序进行公开招标,欢迎符合资质的投标人参与此项目投标。

一、招标项目的概况

(一)项目名称:××村村民综合服务中心。

(二)工程概况:场所办公楼总建筑面积约 668 平方米(含 20 平方米雨篷),地上 3 层,砖混结构,办公、卫生、文化等综合用途。

(三)预算总价:70 万元。

(四)承包方式:依照设计图纸施工,包工包料。

(五)付款方式:分三年付清。

二、投标须知

(一)投标费用

投标方需承担与本投标有关的自身所产生的所有费用,包括投标书准备、提交,以及其他相关费用。无论投标结果如何,招标方不承担、分担任何相关类似费用。投标方在招标方规定日期内到招标方免费领取招标书。

(二)投标方要求

投标方在投标之前,必须认真阅读本招标书的说明、条件及规范等所

---

[1] 1 公里＝1 千米。

有内容，投标方因未能遵循此要求而造成的本招标书所要求投标方提供的任何资料、信息、数据的遗漏或任何非针对招标书要求项目的均须自担风险并承担可能导致其标书被招标废弃的后果。

（三）投标资格

1. 具有独立企业法人资格，企业营业执照经年检合格、安全生产许可证在有效期内。

2. 具有建设行政主管部门核发的房屋建筑工程施工总承包三级以上（含三级）的施工资质。

3. 本工程拟任建造师必须具有二级以上（含二级）建筑工程专业的注册建造师资质及B类安全生产考核合格证，且无在建项目。

4. 具有类似工程的施工经验（以施工合同签署时间为准）。

（四）投标相关资料

1. 具备投标资质的公司法人出具的投标委托书原件及项目经理证书复印件（加盖公司公章）；

2. 施工员的资质证明文件；

3. 类似工程施工经验项目合同；

4. 其他应递交资料。

（五）招标书的修改

在投标截至日前任何时间，招标方具有可能由于各种原因（无论是招标方提出的或有投标方要求招标方澄清招标书内容而引起的）而修改招标书内容的权利。招标书的修改将会以书面形式通知所有已从招标方取得招标书的投标方，同时为了使投标方有充分的时间在投标书中反映所有招标书修改的内容，招标方根据需要，可以决定延长递交投标书的截止日期。

（六）投标书组成

1. 投标书；

2. 详细的设计方案和对工程建设的总体实施计划；

3. 项目质量、服务承诺条款；

4. 其他特别要求或说明；

5. 附件：投标单位情况介绍资料和授权委托书、施工员资质证明文件、投标履约金。

（七）有关费用

1. 投标费用

无论投标过程的作法和结果，投标过程中所发生的一切费用，均由投标单位承担。

2. 投标履约金

投标单位须在开标当日开标会议之前向招标单位缴纳 2 万元投标履约金（现金）。如投标单位未按规定交纳投标履约金，其投标将被拒绝。

投标履约金包括以下条件：

（1）如果投标单位中标，投标履约金保持全部约束力。

（2）如果投标单位在投标有效期内撤回其投标，或被通知与招标单位签订协议后拒签，或未能执行中标的规定，则招标单位有权没收投标履约金 50％。

（3）未中标的投标单位的投标履约金将在招标工作结束后 5 天内无息退还。中标单位的履约金在工程正式开工后全额无息退还。

（八）开标

收标截止日后 7 日内开标，届时招标方将审查投标书是否完整，投标履约金是否提供，并以此进行初审，所有不符合要求的，投标书将作为废标处理。

三、评标办法：合理定价评审抽签法。

四、项目时间：合同约定。

五、招标文件售价：免费。

六、招标文件发布时间：2015 年 11 月 20 日至 2015 年 11 月 28 日。

七、报名截止时间：2015 年 11 月 28 日下午 5:00 截止。投标单位必须在投标前一日，将投标文件直接送达××县××镇招投标领导小组办公室，逾期的投标文件将被拒绝。

八、开标时间：2015 年 12 月 5 日（如有变动另行通知）。

九、开标地点：××镇人民政府会议室。

十、联系人：书记×××　×××××××××××；村主任×××
××××××××××××。

×××× 年 × 月 × 日

 必备知识

一、招标书的概念

招标书是指招标单位兴建工程或进行大宗商品买卖时，为择优选定项

目承包人或合作者而对外公布有关招标项目、范围、内容、条件、要求的文书。招标书只是全部招标文件的一部分。

二、招标书的特点

1. 公开性

招标书也称为招标通知、招标公告、招标启事，是一种告知性文件。它一般通过大众传媒公开，因此也称招标广告，具有公开性。

2. 竞争性

招标书是吸引竞争者加入的一种文书，它具有相当的竞争性。

3. 时间性

招标活动一般都有严格的时间限定，必须在限期内将投标书递交招标单位，过期将视为自动放弃。因此，招标书又具有时间性。

三、招标书的种类

① 按时间分，有长期招标书和短期招标书。

② 按范围来分，有公开招标书、邀请招标书以及协商招标书三种。公开招标由招标单位面向社会发布招标公告，凡有投标资格的单位均可参加投标竞争。邀请招标是由招标单位预先选择或认定有限的几家参加投标。

③ 按计价方式分，有固定总价项目招标书、单价不变项目招标书和成本加酬金项目招标书等。

④ 按性质和内容分，有工程项目招标书、大宗商品交易招标书、选聘有关人员招标书、企业承包或租赁招标书、劳务招标书、科研课题招标书、技术项目引进或转让招标书等。

四、招标书的格式与写法

招标书的写法比较概括，不必写得很详尽，具体条件可用其他招标文件说明。但招标书一般需要交代清楚以下几个方面：招标单位、标的（招标的项目名称）、招标范围、投标方法、投标资格、技术要求、质量、投标和开标的日期、地点、保证条件、应缴费用、支付办法等。除文字说明外，还可配以图示、表格。

招标书的结构一般由标题、正文与尾部三部分组成。

1. 标题

常见的写法有以下几种。

① 由招标单位名称、招标项目和文种组成。如《××大学修建图书馆楼的招标通告》。

② 招标单位和文种组成，如《××集团招标公告》。

③ 只写文种名称"招标书"、"招标公告"。

2. 正文

正文一般由引言、主体两部分组成。

（1）引言　引言主要写明招标单位的基本情况和招标目的。如《××住宅小区建筑安装工程施工招标通告》："本公司负责组织建设的××住宅小区工程的施工任务，经××市城乡建设委员会批准，实行公开招标，择优选定承包单位，现将招标有关事项通告如下"。

（2）主体　主要是招标书的主要内容，简要概括，分条列出：文件编号、招标项目名称、招标范围、招标方式（公开招标、内部招标、邀请招标）、招标时限、招标地点、应知事项等内容。一般用条文式，有的用条文表格式。

3. 尾部

要写清招标单位的名称、法人代表、签署日期并加盖印章、联系人姓名、招标单位地址、联系方式等，必要时还可写上开户银行及账号。

五、招标书的写作要求

招标书的写作是一种严肃的工作，要求注意以下几点。

1. 内容合理合法，切实可行

招标书的内容要符合国家有关法律、法规、政策规定，招标项目的具体要求和条件要符合实际，切实可行。

2. 周密严谨，重点突出

招标书是签订合同的依据，是一种具有法律效应的文件，因此，内容和措辞都要周密严谨，同时注意突出重点，切忌没完没了地胡乱罗列、堆砌。

3. 语言简明清晰

招标书在表述上应准确无误，没有歧义，尽可能使用精确语言，少用模糊语言。

思考题

1. 招标书有哪些特点？

2. 招标书的正文一般要写清哪些内容？

第五节 投 标 书

📖 情境导入

如果你是××道路工程公司负责人，根据《第四节招标书》"情境导入"中的案例和相关材料，能否写出一份具有竞争力的投标书？

📖 实例阅读

【例文】

投 标 书

×××××××（招标方）：

根据贵方为×××项目招标采购货物及×××服务的投标邀请×××（招标编号），签字代表×××（全名、职务）经正式授权并代表投标人×××（投标方名称、地址）提交以下文件正本一份和副本一式×份。

（1）开标一览表

（2）投标价格表

（3）货物简要说明一览表

（4）按投标须知要求提供的全部文件

（5）资格证明文件

（6）投标保证金，金额为人民币_____元。

根据此函，签字代表宣布同意如下：

1. 所附投标报价表中规定的应提供和交付的货物投标总价为人民币_____元。

2. 投标人将按招标文件的规定履行合同责任和义务。

3. 投标人已详细审查全部招标文件，包括修改文件（如需要修改）以及全部参考资料和有关附件，完全理解并同意放弃对这方面有不明及误解的权利。

4. 其投标自开标日期起有效期为_____个日历日。

5. 如果在规定的开标日期后，投标人在投标有效期内撤回投标，其授标保证金将被贵方没收。

6. 投标人同意提供按照贵方可能要求的与其投标有关的一切数据或资料，完全理解不一定要接收最低价格的投标或收到的任何投标。

7. 与本投标有关的一切正式往来信函请寄：

地址：×××××××

电话：×××××××××××

传真：×××××××

邮编：××××××

投标人代表姓名、职务：×××　×××

投标人名称（公章）：××××××

全权代表签字：×××

××××年×月×日

必备知识

一、投标书的概念

投标书是指投标单位按照招标书的条件和要求，向招标单位提交的报价并填具标单的文书。

它要求密封后邮寄或派专人送到招标单位，所以又称标函。它是投标单位在充分领会招标文件，进行现场实地考察和调查的基础上所编制的投标文书，是对招标公告提出的要求的响应和承诺，并同时提出具体的标价及有关事项来竞争中标。

二、投标书的种类

① 投标书按投标方人员组成情况，可以分为：个人投标书、合伙投标书、集体投标书、企业投标书等。

② 按性质和内容，可以分为：工程建设项目投标书、大宗商品交易投标书、选聘企业经营者投标书、企业承包投标书、企业租赁投标书、劳务投标书、科研课题投标书、技术引进或转让投标书等。

显然，投标书的种类与招标书的种类是相对应的。

三、投标书的格式与写法

投标书一般由标题、称谓、正文、尾部四部分组成。

1. 标题

标题一般有四种写法。

① 由投标单位、投标项目内容和文种三部分组成。

② 由投标单位和文种组成。

③ 由投标项目和文种组成。

④ 只有文种，写上"投标书"即可。

2. 称谓

即招标单位全称，顶格写，后加冒号。

3. 正文

投标书的正文内容一般包括引言、主体两个部分。

（1）引言 主要交代投标的依据和目的，介绍投标单位的基本情况以及对该投标项目的态度。

（2）主体 要写清楚投标报价，工程项目开工、竣工日期，具体提出完成该项目所要采取的措施，如专业技术、组织管理以及安全生产措施等。有的还要附上对本单位优势的分析、出具有关资格证明文件，证明投标单位是合格的，中标后有能力履行合同，还要证明投标人提供的货物及其辅助服务是合格的，阐明投标单位的指导思想、经营方针等。投标书的内容应该真实、详细，注意突出本单位的优势，但不得夸大其词，虚构或瞒报本单位的基本情况。

4. 尾部

要写出投标单位名称、法人代表姓名、地址、联系方式，并加盖印章，同时写明投标日期。

需要说明的是：就建筑工程投标书而言，包括工程量清单、投标价格表、主要材料、设备标价明细表，会以附件形式加以补充说明。

思考题

1. 投标书与招标书是什么关系？

2. 投标书的正文部分怎么写？

第六节 策 划 书

情境导入

杏花村村办企业××××园艺有限公司是当地有名的瓜果蔬菜生产基

地,李××是公司宣传部经理,2015 年的果蔬文化节的筹办工作落在了他的肩上,他和其他成员共同拟制了一份果蔬文化节的策划书。

你知道什么是策划书吗?怎么写策划书?

实例阅读

【例文】

<h3 align="center">××市首届乡村旅游节文艺演出策划书</h3>

一、活动主题

统筹城乡发展、打造乡村旅游、构建和谐××。

二、活动时间

××××年 5 月 1 日上午 9:00。

三、活动地点

百花镇桃花村。

四、活动参与人员

市、区、乡镇相关领导,客户嘉宾,工作人员及各村村民代表。

五、活动承办方

××区百花镇、兴隆镇、三里镇、胜华镇。(以百花镇为主)

六、活动要求

整个活动要求内容大气、气氛热烈、场面恢宏、费用节俭、鼓舞人心、反响强烈。

七、活动现场布置

结合实地考察,要求全线宣传,其中桃花村、五里堡做主要宣传地点,桃花村为演出地点。

(一)场内布置

1. 仪式地点用色带标示活动区域、停车场、入口、出口等位置。

2. 两名礼仪小姐分别站在大门两边,同时奏放欢快的乐曲欢迎领导和嘉宾的到来。

3. 签到台装饰一盆鲜花作点缀。两名礼仪小姐负责接待、签到、引位。(签到台准备:签到簿、签字笔 5 只、胸花、饮用水)

4. 场地布置桌、椅。(根据人员定数量)

5. 红地毯从大门入口处铺设到主会场舞台下。

6. 舞台(50 平方米)上配置专业音响设备,特制特大喷绘背景直接突出整个活动的主题,背景以桃花村的图片为背景,正中上方书写"××

市乡村旅游节文艺演出活动"（仅供参考），背景前放置9个花篮，用盆景装扮舞台一圈。（舞台设计详见设计图）

7. 设置相关标示牌，在活动现场入口处放置充气拱门2个，文字内容为"××市乡村旅游节文艺演出活动"（仅做参考）。

8. 沿入口处进入现场路段悬挂彩旗和引导旗（100面），用来烘托现场气氛，以便吸引更多人来参与演出活动。

9. 在演出现场悬挂彩色气球和条幅（10条），布置在演出现场两侧，文字内容为"××市乡村旅游节文艺演出活动"（仅做参考）。

（二）场外布置

1. 演出地点距午宴地点约2千米，该路段采用横幅，根据路况定做合理横幅，每隔200米一条，内容为"欢迎参加××市首届乡村旅游节文艺演出活动"（仅作参考）。

2. 沿路设置引导旗100面。

3. 岔路口体现明显标记，采用横幅或喷绘，以引导嘉宾至午宴地点。

（三）午宴点布置

1. 午宴点采用少许横幅装点，内容为"热烈祝贺××市首届乡村旅游节文艺演出活动隆重举行"等（仅做参考），并用彩旗100面、小彩旗50面装扮，加以喷绘及写真布置，便于嘉宾观看，起到一定宣传作用。

2. 山上参观点，用彩旗100面、横幅少许，内容为"桃花村欢迎您"（仅供参考），喷绘或写真介绍桃花村。

八、外围宣传

五里堡路段距演出点较远，设一个宣传主题，只需喷绘及用少许横幅。路上插放少许宣传横幅及引路旗。高速路口采用喷绘及横幅、引路旗。从五里堡至午宴点距离3千米左右，只需横幅装点引路，每隔1里路一条。

九、活动主要内容

（一）开幕仪式

1. 由中共××区委×××致辞。

2. 请市领导×××宣布开幕或授牌。

（二）文艺表演

开幕仪式结束，文艺演出开始，请文艺节目主持人主持演出。

1. 精选××地区优秀节目，以10个乡镇、3个街道的节目为主，以"统筹城乡发展、打造乡村旅游、建设和谐××"为主题，采取声乐、舞蹈、曲艺等节目形式，呈现一台综合演出。

（1）声乐节目两个；

（2）舞蹈节目两个；

（3）戏曲节目两个；

（4）其他节目两个。

2. 演出时长：90分钟。

十、工作任务表

责任单位	工作任务	责任人
区委办	1. 撰写领导致辞文稿；2. 印发会议通知；3. 负责邀请部分市级领导；4. 督查工作进展和组织观众	×××
区政府办	1. 撰写领导主持文稿；2. 负责拟定会议通知；3. 负责邀请部分市级领导；4. 负责督查观众到位情况	×××
区政协办	协调组织政协各界代表20名参加活动	××
区委宣传部	1. 组织全面工作，负责工作指导、监督、协调、服务；2. 负责节目、标语、文稿审定；3. 负责宣传报道；4. 负责会议组织	×××
区委组织部	负责组织50名职工参加活动	×××
区文体局	1. 具体负责组织工作，负责艺术指导、工作联系和协调；2. 负责彩排及演出；3. 负责制订安全方案	××
区广电局	1. 负责全程摄像、刻制光盘；2. 负责电台、电视新闻宣传	×××
区公安分局	1. 负责百花镇，特别是桃花村周边治安管理；2. 安排4～6名警力，负责会场内治安巡逻	×××
各乡镇	兴隆镇、三里镇、胜华镇、百花镇各负责组织1个节目参加活动，并做好选定节目人员安全工作。四个乡镇组织200名村民观看演出	主要负责人
百花镇文化街	负责组织50名腰鼓队员表演	×××

十一、主要活动流程

演出前召开筹备工作会议，解决人员分配问题，下发请柬，责任到人，分工合作，落实好安全保卫工作，预设突发情况处理预案。媒体宣传可采用电视广告等，做好前期宣传工作。

8:00 充气拱门、氢气球、花篮、鲜花、音响、灯光、礼仪小姐、长木桌。（可提前一天准备）

8:30 腰鼓队开始表演，礼仪小姐引导记者入场，工作人员全部就位。

9:00 嘉宾陆续签到，礼仪小姐引导，并为嘉宾佩戴胸花，邀请人员入场。

9:20 音乐奏响和主持人亮相，向嘉宾介绍活动简况，逐一介绍到场领导及嘉宾。

9:50 领导致辞。

10:00 领导讲话完毕后，鸣放礼炮，播放音乐。

10:10 文艺演出开始。（详见节目单）

11:40 主持人宣布活动正式结束。工作人员为在场观众发放项目宣传单。

12:30 答谢午宴。

策划单位：×××文化公司

××××年×月×日

附：1. ××市首届乡村旅游节文艺演出节目表（略）

2. 活动费用预算表（略）

 **必备知识**

一、策划书的概念

策划书是企业、机关等单位对某个未来的活动或者事件进行策划，是目标规划的文书，是实现目标的指路灯。

撰写策划书就是用现有的知识开发想象力，在可以得到的资源的现实中最可能最快的达到目标。

二、策划书的种类

策划书一般分为：商业策划书、广告策划书、活动策划书、营销策划书、网站策划书、项目策划书、公关策划书、婚礼策划书等。

三、策划书的特点

1. 主题的明确性

策划书必须有一个明确的主题，整个策划都要围绕这个主题来展开。时间、地点、任务、活动、工作等要素和其他内容要紧紧扣住策划的主题。

2. 内容的灵活性

策划书内容应灵活机动，因为将来发生的事情充满一定的变数，所以可能引发策划内容的调整。因此，策划书的内容应根据在实际操作中可能碰到的问题，留有随时调整的余地。

3. 程序的周密性

策划书整个程序的设计不仅要周密有序，而且要恰到好处，不铺张浪费。根据实际需要安排人力、财力、物力的使用规模，保证程序的每一个细节有条不紊地运行。

4. 潜在的可行性

策划书不仅不能脱离本单位的实际现状，而且需要策划者的眼光具有前瞻性。策划者应根据现状，制定切实可行的策划书，实现单位利益或活动效果的最大化。

四、策划书的写法

策划书在内容上一般包括标题、正文和落款三部分。

1. 标题

一般由单位名称、事项和文种组成，或品牌和文种组成，如《×××的营销策划书》。

2. 正文

正文一般由策划目的、基本内容、活动过程、具体方案构想、注意事项、应急方案等构成。

3. 落款

在右下方署名，下一行写明策划书的完成日期。

五、写策划书的注意事项

1. 封面

正式的策划书是需要封面的，而封面的排版非常重要，可以做完后，"文件—打印—打印预览"观看版面的效果。

封面一般由策划书名称、主办方、协办方、承办方以及日期组成。

封面的板块可以根据情况加一些单位标志、单位照片等。

2. 内容

（1）如果策划书比较复杂，可以设定目录使整体比较清晰。

（2）策划书主要由活动概况、活动流程、活动经费预算、活动分析等组成。

① 活动概况：活动概况主要有活动背景、活动目的及意义、活动主

题、活动面向对象等，只要认为应该写明的，都可以插入。

② 活动流程：一个活动往往由前期准备、宣传、正式活动、后期总结组成，某些活动视情况增减。在策划时应该尽量想全前期的准备需用资源，表明采购、制作、邀请等事务的实施时间、负责人。

③ 活动经费预算：往往采用表格的形式，对活动整体所需的物品进行清算。

④ 活动分析

a. 活动预期效果：预计举办活动所能达到的效果，实际一些，不要写得太空，贴近现实，不要理想主义。

b. 可行性分析：资源的各方面、经验、外界的支持、领导的支持等。

c. 风险预测及规避：结合整个流程对内外环境风险全面考虑，尽可能地详尽，规避措施行之有效。

以上的内容要注意排版，尤其是要呈报上去审批的策划书，注意条理性、版面的清晰顺畅。

3. 附录

如果一些内容应该跟随策划书一起上交，应在其后附上附录，例如比赛规则、评分细则、所需表格、宣传单等。

思考题

1. 策划书有哪些常见的种类？
2. 制作策划书需要注意哪些事项？

第七节 商业广告

情境导入

××镇××生态园艺有限公司是当地有名的一家标准化果蔬生产基地，是现实版的绿色农场，致力于无公害蔬菜、瓜果、散养笨鸡等50个品种的生产开发，多年来口碑甚佳，有着很好的市场和客户群体。

最近，应客户要求和市场需求，开发了"菜园托管"合作项目，只要交纳一定费用就可以拥有一块属于自己的"私家菜园"。平时会安排专人照料，一个大棚可以根据客户需求实现多种习性相近作物混合种植，若客户自己有空闲，还可以参与体验一把"锄禾日当午，汗滴禾下土"的幸福滋味，收获时节也可以来体验采摘的乐趣，甚至还可以把余下的果蔬卖给公司。

小刘是广告策划部经理，负责广告策划宣传工作。为了进一步扩大宣传这个项目，他带领团队制作了一系列广告，有墙体广告、电子广告、纸质广告等。

那么，怎么设计制作这个项目的广告才能有效吸引人们的注意呢？

 实例阅读

【例文】

招 商 广 告

××净菜加工公司，地处××省××县××乡，土建面积××××平方米，设备××台，年产值×××万元，利润××万元。本地区山清水秀，空气清新，无公害蔬菜供应充足，劳动力成本低廉，交通发达，发展潜力巨大，本公司拟进一步扩大生产规模，急需经营合作伙伴，真诚期待有一定实力的客商，把握商机，携手合作，共创辉煌！

××净菜加工公司招商部

地址：××××××

电子邮箱：×××××× @×××.com

电话：××××－×××××××

联系人：×××

 必备知识

一、商业广告的概念

商业广告是商品经营者或服务提供者承担一定费用，利用传播媒介，向公众推销商品、劳务或观念等信息，使消费者产生兴趣和购买动机，从而有所行动，以促进销售来获得经济利益的一种信息传播方式，属于营利性行为。

二、商业广告的特点

商业广告主要有以下几个特点。

（1）以营利为目的　这是商业广告的根本属性。商业广告都是为了让消费者了解商品或劳务后去购买，最终获得经济利益。

（2）需要支付广告费用　商业广告的宣传需要借助传播媒介，这就需要支付费用，而且广告费用的多少，随不同的国家、地域、传播媒体、传播方式、时间长短、时段的选择等而有很大的区别。

（3）通过一定的媒介传播　商业广告的信息内容只有通过传播媒介来进行传播才能到达公众，离开了传播媒介，广告就不存在。传播媒介是很多的，如电视、网络、广播、报纸、墙体等。

（4）注重说服性　商业广告的目的在于影响消费者的行动，因此广告设计应特别注意创意、艺术表现、冲击力、感染力、鼓动性等要素，使消费者接受传递的信息，影响购买行为。

三、商业广告的种类

从传播媒介的角度来看，商业广告可以分为以下几种。

1. 纸质广告

有的商业广告以报纸、杂志、图书、包装品、日历等纸质媒介作为载体。

2. 电子广告

以电视、电台、网络、霓虹灯、电子大屏幕、移动终端等作为发布商业广告的媒介。

3. 活体广告

以广告模特、营销人员等为载体，戴绶带、穿推销服装或通过展示、表演等活动达到广告宣传目的。

4. 交通广告

以汽车、地铁、轮船等交通工具或以路牌作为载体，通过交通工具流动或受众的流动达到广告宣传的目的。

当然广告还有其他一些传播媒介，不再一一列举。

四、商业广告的制作要求

商业广告的写作应注意实用性与艺术性的高度统一，在推销的同时，要给人以艺术的享受。

国外广告界提出了对成功广告的基本要求，认为一条广告信息在对消费者发生作用、引起消费者认知的过程中，一般要经过五个环节，即引起注意、产生兴趣、激发购买欲、促成购买行为及买后满足。消费者的这一心理过程，是广告制作的有效依据。

1. 引起注意

引起注意，是广告成功的基础。在信息时代，人们时刻经受各种信息的刺激，一条广告能否在竞争中取胜，引起注意是成功的第一步，这也是广告效果的基本要求。而要做到这一点，广告写作就必须迎合消费者的心理需求，使消费者对广告信息初步接受，达成信息传播的第一个目标。

2. 诱发兴趣

人的注意力总在不断变化，在引起注意以后，还要进一步设法诱发消费者的兴趣，建立广告受众对产品的信任和好感，进而拉近产品与消费者之间的距离。要做到这一点，广告写作必须把握产品的销售重点，明确广告的传播对象，适应不同消费者的心理特点，针对其要求，充分展示产品的特性及魅力，使他们产生一种"不买就有所失"的感觉。

3. 激发购买欲望

欲望就是对某种商品的强烈指向性，刺激这种欲望，使其由兴趣发展到向往占有，这才是广告诉求所要实现的目的，要做到这一点，广告写作就要及时捕捉消费者潜在的欲望，将表达的焦点对准广告目标最强烈的动机，最大限度地进行刺激，如强调商品的质量及性能、渲染使用效果及市场影响、提供保证及许诺等。

4. 促成购买行为

促成购买行为，这是广告诉求的最终目的，也是广告成功的重要标志。在日常生活中，消费者强烈的购买欲望，往往在拖延中不了了之，因此，广告诉求应该趁热打铁，对消费者动之以情、晓之以理，努力消除其戒备心理，增强购买信心和决心，"心动不如行动"，使外部刺激进一步推动内部动力朝指定的目标迈进。

5. 买后满足

消费者对商品采取了购买行为，广告的目的并没有最终完成，因此广告还必须注意企业、产品的长远利益，尽量在消费者的意识中培养对企业的长期感受，建立起对企业及其产品的认同和信任。在为企业、产品建立良好信誉的同时，追踪消费者新的购买欲望，从而为企业产品的长期销售打下基础。

明白了消费者的心理认知过程，商业广告在写作中就要做到以下几点。

① 真实生动：真实是商业广告的生命，广告主要目的就是通过广告

宣传扩大自己的知名度，树立良好的形象，以达到社会公众对产品的信赖和认知的目的，如果虚假不实，不仅无法达到广告诉求的目的，反而会败坏企业的信誉，在公众心理意识和信赖程度上造成难以弥补的影响。世界十大广告公司之一的美国奥美广告公司总裁奥嘉菲曾经提出了广告创作的十个戒条，其中之一就是"广告必须真实……切忌夸大和不实之词"；美国广告写作的巨匠大卫·欧吉沛在其97项广告信条中，第一条就指出："绝对不要制作不愿意让自己的太太、儿子看的广告"，他们都把欺骗作为广告的大敌。我国相关的法律和政策也对广告的真实性和制作虚假广告者都提出了明确的要求和制裁办法，广告的生动和吸引人，是引起注意和认同并达到成功自荐的重要手段，要想取得预期的广告效果，必须充分利用语言文字和画面的表现力，反复推敲，精雕细刻，选取最有效的词句与画面组合来介绍自己的商品，同时给人留下深刻的印象和回味无穷的艺术享受。

②简洁新颖：广告写作不同于学术论文，它是在特定的时间与空间进行宣传和信息传播，并且是一种有偿性的商业活动，用最小的代价换取最大的收益，是每一个广告主在投资之前首先要考虑的，这就要求广告创作必须简练鲜明，主题突出，使受众对广告内容易懂易记，印象深刻，否则长篇大论，使人失去耐心，难以收到好的效果。经济飞速发展的今天，人们对商品的选择多是从对广告的选择开始的，对广告主来说，在竞争日益激烈的情况下脱颖而出，占据市场的主动，必须首先在广告诉求上下工夫。心理学研究表明，人们对新出现的事物和新出现的形式注意力最为敏感，如果广告缺乏新颖和个性化的追求，就会导致广告活动的失败并直接影响产品的销售及企业的效益，广告界流行着这样一句话："如果你站着，而周围的人都在跳舞，你就会受到注意。"因此，成功的广告必须标新立异，出奇制胜。

③手法多样和注重效益：人们的需求多种多样，广告的运用手段也越来越丰富，商业广告的创作不再是单纯的文字表述，要吸收文学、音乐、美术、舞蹈等多种艺术表现形式，结合各种表现手段，综合协调，使其在整体追求上达到和谐统一。广告的主要目的是为了推销产品，追求效益，但广告也是一种精神产品，对民族文化、心理、社会价值取向具有不可忽视的影响，因此，在追求经济效益的同时，还应当给人积极的、正面的教育和审美享受。

五、商业广告的写法

广告的制作非常灵活，不同的商品、不同的传播媒介，所采用的广告形式也不相同。商业广告的制作有文稿和其他一些元素，如图片、音乐、视频等。文稿一般包括标题、正文和落款，有的还有精心编制的广告口号。

1. 标题

广告的标题就是招牌，是广告信息的集中点。标题的制作，首先要引起读者的注意，其次要传递主要广告信息。调查表明，广告效果的50%～70%是标题的力量，如果不能将广告目标在标题上推销出去，就会造成广告费用的浪费。美国广告业巨子大卫·欧吉沛经过调查指出：平均来说，读标题的人数是读正文人数的5倍，如果以数字计算的话，广告标题一经写成，就等于花掉了广告费用的80%。因此，广告标题必须包含广告中最主要的内容，显示出广告作品的精华，吸引受众的注意，使其通过标题，便能领会广告意图。标题的制作要精心构思，富有情趣，还要新颖别致，耐人寻味。

在制作中，可以直接点明企业、商品、服务单位、服务项目等，如：

×××感冒灵——深圳××制药厂

也可以用富有表现力的语言暗示产品的用途、效果，吸引受众阅读下文，如：

创业路上的第一桶黄金（某机械设备）

2. 正文

对标题点明或暗示的事物作进一步的说明，这是传播产品和劳务信息的重点，是广告的核心部分。这一部分要根据广告诉求的目的，选择恰当的表达方式，准确介绍产品的质量、用途、性能、功效等内容。要解决好"说什么"和"怎么说"两个问题。

（1）说什么　广告是以营销观念为基础的，开辟市场，首先要准确定位，即这个产品是要做什么，是给谁用的。一旦定位确定，广告内容和广告风格以及由此而形成的品牌形象也就基本确定。产品的性能特点不是单一的，可以宣传的内容十分丰富，如外观、特色、规格、花样、款式、质地、产品作用、使用方法、价格等，如果像开中药铺似的把这些内容罗列上去，没有人会记住。所以，必须了解消费者的需求和购买心理，还要对诸多同类产品进行比较，舍弃一些不必要的信息，把自己产品中最独特的东西找出来作为定位的焦点。如小轿车的基本性能就是体积小、速度快、驾驶灵便、省油、美观等，定位时如果囊括了全部性能，就不能给人以深刻的印象。20世纪60年代初，德国福斯汽车公司生产的金龟牌小轿车打入美国市场时，摒弃了其他一切性能特点，集中在"小"字上大做文章，口号是"想想还是小的好"，结果很快占据了美国小型车霸主的地位。

（2）怎么说 美国广告大师伯恩巴克说："并不是你的广告说什么感动了观众，而是你用什么方法去说。"语言是广告的灵魂，广告语言是艺术的语言，与心理学、修辞学、社会学、美学、市场学、传播学等学科密切相关。

3. 落款

落款包括企业名称、地址、电话、传真、邮编、网址、二维码等内容。报纸杂志广告和一些服务性广告，往往落款较全，而电视广告，为了节省时间，可以只说出企业名称。

广告文稿包括以上这些内容，但在排列上并没有一定的格式，要根据传播媒介的具体情况来进行设计，只要实用、美观、新颖，就是好的广告。

六、广告口号

把企业的特征或商品的特征用最为简练的文字表达出来，使消费者留下深刻的印象，这就是广告口号，也称广告标语，它往往用简明概括的一句话，使消费者建立一种观念及意识，对某个企业或某种商品形成认知，并用以引导他们选购商品或劳务，它是企业广告的普遍标志和商品观念的长期输出形式。广告口号往往固定下来、反复使用，如果定位恰当，设计合理，会成为企业巨大的无形财富，如大家所熟知的"买家电，到三联"，喊了20多年，三联的企业形象是与其经营方向和服务质量紧密联系在一起的。再比如"我始终相信：没有最好，只有更好"，道出了澳柯玛集团不懈追求的积极进取精神；"真诚到永远"、"全心全意小天鹅"，高唱着企业至真至诚为顾客服务的宗旨；"中国人的生活，中国人的美菱"，表达了中国民族企业振兴民族工业不屈不挠的精神和爱国热情，这些口号，树立了企业的形象，具有持久的影响力。

并不是每个广告都有口号，一般来讲，电视广告中这种口号居多，因为电视广告一般是以秒为单位计费的，在有限的时间里传播最大量的信息，莫过于口号最为经济，所以要充分调动视听手段，一方面精心设计画面；一方面创造经典的广告口号，强化消费者的记忆，如"好锌当然有好报"（三精葡萄糖酸锌口服液）。

思考题

1. 制作商业广告有哪些原则？
2. 商业广告的制作有哪些要求？

第八节 市场调查报告

 情境导入

　　孙×是××乡镇××生态园艺有限公司的市场调研部经理，公司准备增加自然法生态养猪及加工项目，公司要求针对这一项目认真做一下市场调查，了解市场供需及消费者的消费趋向等情况。

　　那么，他将如何做市场调查？怎么撰写这份调查报告？

 实例阅读

【例文】

关于农村生态养猪市场的调查报告

　　一、调查背景及当地现状

　　我国物价上涨，而在暴涨的物价中又以猪肉价格上涨幅度最大。

　　鲁东南地区是重要的生猪供应基地，在这个假期，我们以家乡临沂莒南县的××村为例，结合当地养猪现状、生态养猪的特点及当地环境条件等因素，对当地生态养猪的推广条件进行调查。

　　目前当地仍以传统养猪为主，村中每户规模从 20 头到 200 头不等。基本情况及存在的问题如下。

　　（一）猪舍为传统的硬水泥地面，在当地综合建材价格等条件下，100 头规模的猪舍投资大约在 5 万左右，随着规模增大，平均每头猪的猪舍建设投资递减。水泥地猪舍需要定时清理，而且当地并没有良好的猪粪处理措施，导致污染较严重，猪舍周围更是臭气熏天。

　　（二）从当地一饲料加工厂了解到，喂猪用的饲料以混合饲料为主，由豆粕、麦麸、玉米粉、预混料等搭配混合而成，搭配不同的饲料价格在每斤 1.1 元到 1.4 元不等。相比较以前的单一饲料喂养，虽然饲料报酬率提高，但总体上饲料成本依旧比较高。

　　（三）由于猪舍较差的卫生条件以及防疫不及时等原因，流行病爆发较多，在喂养过程中医药费投入较大。

　　综合来说，当地的养猪业处于传统的粗放养殖向现代化养殖转型的初

期阶段，虽然饲料结构、猪病防治等方面较以前有很大进步，但在污染控制、养殖效益等方面仍存在较大问题，需要改进。

二、生态养猪技术简介

生态养猪又称自然养猪，通常提到的生态养猪指的就是发酵床养猪技术，但是考虑当地的实际情况，这里我们建议将发酵床技术和发酵菌饲料技术结合起来同时进行推广。

（一）发酵床养猪技术

1. 发酵床养猪技术原理

发酵床的基本原理是利用大自然环境中的丰富生物资源，即采集土壤中的多种有益微生物，通过对这些微生物进行筛选、培养、扩繁，建立有益微生物种群，然后根据它们生长所需的营养要求，配置出人工培养基（即按一定比例将微生物母种群、木屑、有机质及营养液进行混合、发酵形成有机垫料），让有益微生物在这种人工创造的有机垫料中大量繁育，然后充分发挥这些功能微生物的作用，将动物粪便、尿水等有机废物充分消化、降解。而发酵床养猪技术原理就是在经过特殊设计的猪舍里，填入上述有机垫料，再将仔猪放入猪舍，猪从小到大都生活在这种有机垫料上面，猪的排泄物被有机垫料里的微生物迅速降解、消化，短期内不需对猪的排泄物进行人工清理，减少了粪便、尿水向外界排放，另一方面细菌大量繁殖所产生的部分菌丝蛋白被猪食用，补充了饲料中的蛋白来源。最终实现零排放、无污染，生产优质猪肉，达到提高养猪生态效益、社会效益的目的。

（略）

三、生态养猪与传统养猪的效益对比分析

（一）测算依据：猪舍建设300元/平方米，垫料60～70元/平方米（根据不同地区材料价格有所不同），育肥猪饲养密度1.2～1.5头/平方米。

（略）

四、生态养猪推广的优势及存在的问题

（一）优势

1. 保护环境，减少污染。采用发酵床养猪技术，由于有机垫料中富含的活性微生物可以有效消化分解猪的排泄物，不必清扫打理猪舍，减轻污染。

2. 改善猪舍环境，提高猪肉品质，减少猪病发生，大大降低养猪的医药成本。

（略）

（二）存在的问题

生态养猪的关键问题在于，如何因地制宜不断改进创新，从而更加适应我国各地的实际情况，符合各地的实际需要。尤其是发酵床技术，要求根据各地情况，充分吃透发酵床养猪的技术原理，结合当地的气候环境，采用方便易得的资源，合理地建造发酵床，并筛选出适合当地的优良菌种、培养基配方等。目前主要存在以下问题。

1. 国外菌种不适应当地条件。国外引进的菌种不但价格高昂，而且会出现水土不服的情况。

2. 相关技术要求、技术指标与当地条件不符。我国幅员辽阔，各地条件差距较大，现有的技术要求和指标无法适应不同地区的现实条件。

（略）

五、推广建议

结合本地特点，我们有以下建议。

（一）本地养殖规模在 200 头以内，适合进行小规模推广生态养猪，但是，不可操之过急在大范围内推广，需要进行小范围试点实验，逐步摸索改进出适合本地各方面条件的生态养猪技术，待技术成熟再考虑大范围内推广。

（略）

六、总结

生态养猪技术是对我国传统养猪技术的一次革新，能有效解决传统养猪存在的问题，达到提高养猪的生态效益、社会效益及经济效益的目的。但生态养猪技术的推广不可能一蹴而就，要通过不断的摸索与实践，使之与当地条件相符，从而达到生态养殖的最佳效果。

$\times\times$市场部：$\times\times\times$

$\times\times\times$

$\times\times\times\times$年$\times$月$\times$日

 必备知识

一、市场调查报告的概念

市场调查报告就是对市场进行调查，收集、记录、整理和分析市场对商品的供需状况、商品的销售等情况，从而得出结论，并对今后市场供需

态势做出合理推论，在这个过程中形成的完整的书面材料。

市场调查报告是市场调查研究成果的集中体现，它的质量高低将直接影响到整个市场调查研究工作的成果质量。一份好的市场调查报告，能给企业的市场经营活动提供有效的导向作用，能为企业的决策提供客观依据。

二、市场调查报告的特点

1. 针对性

市场调查报告是为了了解市场某一方面的信息，是企业进行决策的重要依据之一，所以必须有明确的针对性。

2. 真实性

市场调查报告必须从实际出发，通过对真实材料的科学客观分析，才能得出正确的结论，这样的调查报告才有价值和指导意义。

3. 时效性

市场变化很快，市场调查报告必须及时、迅速地反映市场变化，反映市场中出现的新情况、新问题，突出"快"、"新"二字，并对未来状况加以预测，使企业的经营决策能够跟上市场形势的发展变化，甚至能够预见市场未来发展变化。

三、市场调查报告的种类

市场调查报告可以从不同角度进行分类。

（1）按其所涉及内容　可以分为综合性市场调查报告和专题性市场调查报告。

（2）按调查对象的不同　可以分为以下 5 种。

① 市场需求调查报告，主要内容包括产品销售对象的数量与构成，消费者家庭收入水平，实际购买力，潜在需求量及其购买意向，如消费者收入增加额度、需求层次变化情况，消费者对商品需求程度的变化、消费心理等。

② 市场供给调查报告，主要内容包括商品资源总量及构成、商品生产厂家有关情况、产品更新换代情况、不同商品市场生命周期的阶段、商品供给前景等。

③ 商品价格调查报告，主要内容包括商品成本、税金、市场价格变动情况，消费者对价格变动情况的反映等。

④ 销售情况的市场调查报告，如商品销售渠道调查报告，主要内容

包括渠道种类与各渠道销售商品的数量、潜力，商品流转环节、路线、仓储情况等。

⑤ 市场竞争情况的市场调查报告，主要内容包括竞争对手情况，竞争手段，竞争产品质量、性能、价格等。

（3）按表述手法的不同　可分为陈述型市场调查报告和分析型市场调查报告。

四、市场调查报告的写法

1. 标题

市场调查报告的标题没有严格的格式，一般有以下几种写法。

① 标题一般由调查项目和"市场调查报告"组成。

② 在标题里直接写明市场调查的地区、调查的项目和"市场调查"。

③ 在标题里直接提出某一种商品在市场上的问题，点明文章的中心，如《×牌冰箱被冷落》。

④ 用主标题点明文章的中心，再用副标题说明市场调查的项目、地区和文种。

2. 正文

市场调查报告的正文主要包括前言、主体和结尾三部分。

（1）前言　用简明扼要的文字写出调查报告撰写的依据，报告的研究目的或主旨，调查的范围、时间、地点及所采用的调查方法、方式。前言部分对提供决策用的市场调查报告是较有意义的，决策部门可据此更准确地把握调查的结果，如对调查方法的了解可以帮助决策者判断调查结果的可信程度。

（2）主体　主体部分是市场调查报告的主要内容，一般由情况、分析和建议三部分组成。

情况部分应作分类归纳，按问题分类叙述调查的材料，有时可加图表说明，必要时还应对市场背景资料，如地理、气候、政治、经济、文化、社会的变化趋势和政策、法律法规等做出说明。

分析部分主要是市场调查报告者对调查得来的材料的分析和看法，从调查中发现的问题、得出的结论等。情况部分和分析部分也可以杂糅在一起写，边介绍情况边进行分析，这种有事实、有数据、有分析的写法，较有说服力，也较清楚。

建议部分依据调查材料及对其的分析研究，提出解决问题的方法或应采取的措施、对策等。

（3）结尾　市场调查报告的结尾没有特定的格式，一般是综述全文重要观点或是加深认识，或说明调查中存在的主要问题及主要情况、倾向，预测可能遇到的风险，提出相应的对策等。有的市场调查报告写完分析和建议则自然收尾，不另加结尾。供决策参考的调查报告，还应在结尾署上调查者姓名、部门和报告完成日期，以示负责。如果是受委托为他人撰写的调查报告，还应将委托方、调查方分别写清楚。

五、市场调查报告写作要求

1. 调查报告力求客观真实、实事求是

调查报告必须符合客观实际，引用的材料、数据必须是通过调查得来的真实可靠的材料，反对弄虚作假，或迎合上级，要用事实来说话。虚假的市场调查报告，危害极大，误导市场营销和策略的制订，直接导致经济利益的损失。

2. 调查报告要做到调查资料和观点相统一

市场调查报告是以调查资料为依据的，即调查报告中所有观点、结论都有大量的调查资料为根据。在撰写过程中，要用资料来说明观点，切忌调查资料与观点相分离。

3. 调查报告要突出市场调查的目的

撰写市场调查报告，必须目的明确，任何市场调查都是为了解决某一问题，或者为了说明某一问题。市场调查报告必须围绕市场调查的目的来进行论述。

4. 调查报告的语言要简明、准确、易懂

调查报告是给人看的，无论是企业领导，还是其他一般的读者，大多不喜欢冗长、乏味、呆板的语言，也不精通调查的专业术语。因此，撰写调查报告的语言要力求简单、准确、通俗易懂。

5. 讲究时效

市场调查的情况要及时地反映和传递，只有及时才可能使企业做出及时的判断，及时进行决策。在这个链条上，"时间就是金钱"。因此，报告中也要明确标明时间。

思考题

1. 市场调查报告有哪些特点？

2. 市场调查报告的主体一般写哪些内容？

第九节 经济活动分析报告

情境导入

2014年年末，××蔬果有限公司要求本公司财务部提交一份本公司年度经济活动分析报告，以总结经验，改进经营策略，提高经济效益。公司的财务部经理李×负责此项工作，接到任务后，他马上着手准备。

你了解经济活动分析报告吗？怎么写经济活动分析报告？

实例阅读

【例文】

××××年度××乡蔬果加工集团总公司
经济活动分析报告

概述××××年经济指标全面完成情况。（附表）

简述本年度公司经营情况。

××××年公司实现主营业务收入1995.51万元，完成年度预算的65％，较上年同期增长81.30％；实现净利润17.02万元，每股收益0.004元，完成年度预算的_____％，较上年同期增长_____％；实现净资产收益率_____％，完成年度预算的_____％，较上年同期增长_____％。

（以下所有指标要求与预算和上年同期比较，未涉及的项目不作要求）

一、主要经济指标完成情况

（一）公司主营业务收入完成情况。与公司去年同期比较，完成公司全年预算数。如：××××年公司实现主营业务收入_____万元，完成全年预算_____％，比去年同期增加_____万元，增长_____％。

预算完成分析；销售增长分析；企业收入构成分析［主营业务收入和其他业务收入；现销收入和赊销收入；主营业务构成；地区收入构成］；影响收入的价格因素与销售量因素分析；详细分析经营情况。

（二）利润指标完成情况分析。与公司去年同期比较及完成公司全年预算情况，分析其变动影响因素。主要分析主营业务利润和净利润上升或下降的原因，分析各主要产品盈利能力。

预算完成分析；利润增长分析；利润构成分析［各项利润构成；主营业务利润构成（按产品）；地区利润构成］；各项利润分析（净利润、利润总额、营业利润、主营业务利润）；会计调整因素影响。

（三）主营业务成本分析。与公司去年同期比较及完成公司全年预算数，进行分析说明其增减因素及影响程度，找出问题关键所在。

预算完成情况分析；主营业务成本降低额；主营业务成本降低率；各主要产品主营业务成本降低额和降低率，以及它们对全部产品主营业务成本降低率的影响；主要产品单位销售成本分析。

主营业务成本降低额＝本年实际成本－按本年实际销售量计算的上年实际成本

主营业务成本降低率＝（主营业务成本降低额÷按本年实际销售量计算的上年实际成本）×100％

（四）期间费用分析。营业费用、管理费用和财务费用分析，找出增加及节余的主客观影响因素。人力资源费、科研经费、办公费、招待费、差旅费等是否突破预算，如何控制，抓住重点和异常问题，重点分析。

二、公司财务状况分析

（一）企业财务状况全面分析。资产总额、负债总额、所有者权益总额变动分析，说明原因。

（二）资产分析。资产结构与变动分析（流动资产、长期投资、固定资产、无形资产等占总资产的比重及其变动）；资产结构优化分析。

（三）流动资产分析。流动资产增减变动分析；流动资产结构及变动分析。

应收账款分析。重点说明本年应收账款变动原因及采取的措施；坏账准备分析。

存货分析。存货规模与变动情况分析；存货结构和变动情况分析；存货计价和计提存货跌价准备对利润的影响。

（四）投资分析。长期投资分析；短期投资分析。

（五）负债分析。负债结构变动及其对负债成本的影响分析；流动负债结构及变动分析；长期负债结构及变动趋势分析。

（六）税金分析。已交税金；应交税金。

（七）股东权益分析。所有者权益结构及变动分析；资产保值增值能力分析。

三、现金流量分析（重点分析）

（一）现金流量总体分析。预算完成情况；与上年相比变动情况，分析原因；现金流量结构分析。

（二）经营活动现金流量分析。与预算和上年相比，分析原因；结构及变动分析；当期销售回款、应收款清欠分析；分产品和地区回款分析；原材料采购付款率分析。

（三）投资活动现金流量分析。投资收益、投资前景分析。

（四）筹资活动现金流量分析。筹资方式、筹资结构、筹资成本是否合理，筹资能力分析。

四、盈利能力分析（重点分析）

通过盈利能力有关指标反映和衡量企业经营业绩，通过盈利能力分析发现经营管理中存在的问题。

（一）主营业务利润率

主营业务利润率＝（主营业务利润÷主营业务收入）×100％

（二）销售净利率

销售净利率＝（净利润÷销售收入）×100％

（三）净资产收益率

净资产收益率＝（净利润÷平均净资产）×100％

有条件可进行杜邦分析，深入分析盈利能力变化的原因。

净资产收益率＝销售净利率×资产周转率×权益乘数

权益乘数＝1÷（1－资产负债率）

（四）总资产收益率

总资产收益率＝（净利润÷平均总资产）×100％

（五）销售现金比率

销售现金比率＝（经营现金净流量÷销售收入）×100％

（六）综合分析、评价，要求结合企业具体经营情况，具体分析。

五、偿债能力分析

（一）流动比率

流动比率＝流动资产÷流动负债

（二）速动比率

速动比率＝速动资产÷流动负债

（三）资产负债率

资产负债率＝负债总额÷资产总额

（四）现金流动负债比

现金流动负债比＝经营现金净流量÷流动负债

（五）现金负债总额比

现金债务总额比＝经营现金净流量÷债务总额

六、资产管理能力分析（重点分析）

（一）应收账款周转率，应收账款周转天数

应收账款周转率＝销售收入÷平均应收账款

应收账款周转天数＝360÷应收账款周转率＝（平均应收账款×360）÷销售收入

（二）存货周转率，存货周转天数

存货周转率＝销货成本÷平均存货

存货周转天数＝360÷存货周转率＝（平均存货×360）÷销货成本

七、发展能力评价（一般要求）

（一）资产增长率和资本积累率

资产增长率＝（本年资产增加额÷上年资产总额）×100％

资本积累率＝（本年所有者权益增加额÷年初所有者权益）×100％

（二）销售增长率

销售增长率＝（本年销售增长额÷上年销售总额）×100％

（三）收益增长率

主营业务利润增长率＝（本年主营业务利润增长额÷上年主营业务利润）×100％

净利润增长率＝（本年净利润增长额÷上年净利润）×100％

（四）可持续增长率（不作要求）

可持续增长率是指不增发新股并保持目前经营效率和财务政策条件下公司销售所能增长的最大比率。

可持续增长率＝股东权益增长率＝（本期净利润×本期收益留存率）÷期初股东权益＝期初权益资本净利率×本期收益留存率＝销售净利率×总资产周转率×收益留存率×期初权益期末总资产乘数

八、经营管理目标完成情况及主要成绩总结

根据年初各单位签订的经营管理目标，一一对比，说明完成情况并分析原因。

在全面反映企业总体财务状况的基础上，主要对企业经营管理中取得的成绩及原因进行说明。

九、重大事项说明

（一）公司 10 万元以上非生产用固定资产的购置。

（二）重要资产转让及其出售情况。

（三）重大诉讼、仲裁事项。

（四）公司收购兼并、资产重组事项。

（五）对公司有重大影响的国家政策变化。

（六）或有事项、承诺事项、重大合同（担保、抵押等）事项。

（七）重大投资、融资活动。

十、关联交易

关联关系方，关联交易内容，关联交易金额，与关联关系方结算情况。

十一、风险评价（一般要求）

（一）行业风险。分析行业盈利水平与盈利潜力及潜在风险。通过行业风险分析，明确企业自身地位及应采取的竞争战略。包括低成本竞争策略和产品差异策略。

（二）市场风险。市场风险指市场上的不确定因素而导致利润变动的风险。影响企业市场风险的因素主要有：市场供求、市场竞争、通货膨胀、利率变动等。

（三）经营风险。经营风险指经营上的不确定因素而导致利润变动的风险。影响企业经营风险的因素主要有：产品需求、产品售价、产品成本、固定成本的比重和企业调整价格的能力。

（四）财务风险。财务风险是指全部资本中债务资本比率的变化带来的风险。

十二、存在的问题分析（重点分析）

在全面财务分析的基础上，对影响财务状况、经营成果和现金流量的因素分析说明。抓住关键问题，分清原因。

十三、采取的措施和建议（重点）

针对经营管理中存在的问题和潜在的风险，提出解决的措施和建设性的建议。

十四、经营预测分析

根据市场变化和企业经营趋势，说明公司拟采取的经营策略和计划，预测第二年度企业经营业绩和财务状况。对企业未来发展及价值状况进行分析与评价。

　　附件：《××××年度经济指标全面完成情况》

××乡蔬果加工集团总公司

×××

××××年×月×日

（附表略）

 **必备知识**

一、经济活动分析报告的概念

经济活动分析是人们认识客观经济活动的一个重要方法，它通常是以有关的经济政策和经济理论为指导，以会计核算、统计报表、计划指标和调查的情况为依据，对某一地区、行业、单位或部门的经济活动情况，进行科学分析，从中探索经济规律，评价成败得失，探讨其中原因，寻求改进方法，达到提高经济效益的目的。而全面反映这一经济活动分析过程的书面报告，就是经济活动分析报告。

经济活动分析报告是对已经发生过的经济过程进行剖析，总结经验和规律。

二、经济活动分析报告的特点

1. 分析性

分析报告最突出的特点是分析性强。经济活动分析要依据经济活动的结果，探究其原因，在整个过程中表现出很强的分析性。如果缺乏分析性，就很难保证由果及因的准确性和可靠性。要保证分析得正确、科学，首先要有正确的理论做指导；其次，要掌握大量可靠的资料；另外，要掌握科学的分析方法。

2. 数据性

分析报告进行分析的主要依据是数据，基本的方法是数据的对比与计算，从中找到突破点和线索，离开会计、统计、业务核算及计划等数据，分析活动将无法进行。

3. 专业性

经济活动分析是一项专业性的工作，需要很强的专业知识和技术，如业务核算、会计核算、统计、单据稽查以及有关部门的数据处理，专业的分析方法，图表文字结合的表达方式等，因此，必须精通相关专业，才能做好经济活动分析工作。

三、经济活动分析报告的种类

经济活动分析报告在经济活动中应用十分广泛，因此其种类也很多，我们可以从不同的角度进行划分。

（1）按照经济部门　可以分为工业经济活动分析报告、商业经济活动分析报告、农业经济活动分析报告等。

（2）按照经济活动分析的对象　可以分为财务状况分析报告、质量分析报告、成本分析报告、设备情况分析报告、库存结构分析报告、市场动态情况分析报告、商品流转情况分析报告、税收执行情况分析报告、资金运用情况分析报告等。

（3）按照经济活动分析的内容范围　可以分为综合分析报告、专题分析报告和简要分析报告。

（4）按照经济活动分析的时间　可以分为定期分析报告、不定期分析报告、预期分析报告和期终分析报告。

（5）按照经济活动分析报告的形式　可以分为文章式分析报告、表格式分析报告和图表文字结合式分析报告。

四、经济活动常用的分析方法

经济活动分析不是各项指标简单的罗列，也不同于工作总结汇报，它有着严密的程序和科学的分析方法。具体程序从提出课题到收集资料，再到对比差距、揭示矛盾，分析原因，最后提出措施，改进工作，一步接一步，一环扣一环。在分析中，经常用到以下几种方法。

1. 对比分析法

对比分析法是平时分析工作最常用的方法，是通过指标对比来揭示矛盾、寻找差异的一种基本方法，其中主要是可比数据的对比。如实际与计划目标对比；实际指标与同期相比，与历史最高水平比；实际指标横向比等，通过对比，找出问题，分析原因，采取措施。

2. 因素分析法

因素分析法是通过分析影响经济活动的各种因素，测定它们对经济活动的影响程度，从而认识经济活动的特点，找出经济活动成功失败的原因的方法。

3. 比率分析法

比率分析法是计算指标的相对数，对各种比率进行比较的方法。

4. 平衡分析法

平衡分析法是根据客观经济规律的要求，分析经济活动各方面相互关系的一种方法。

5. 动态分析法

动态分析法是以发展的眼光对经济活动的变化情况及其趋势进行研究，提出今后经济活动的建议的方法。它又称预测分析法或趋势分析法。

还有其他一些方法，不再赘述。

五、经济活动分析报告的写法

经济活动分析报告一般由标题、正文和落款三部分组成。

1. 标题

① 标题一般由分析单位、时间、内容和文种几部分构成，如《××公司××××年××季度××分析报告》。

② 标题也可以省略其中的一些部分，有时也可省去单位和时限，如《原油价格上升因素分析》。

③ 还可以直接使用文章式标题，如《××产品成本上升的问题必须尽快解决》。

2. 正文

经济活动分析报告正文常见的写法一般由以下几部分构成。

（1）导言　有的介绍经济活动的背景；有的介绍分析对象的基本情况；有的交代分析的原因及目的；有的明确分析的范围和时间；有的评述分析的内容；有的提出问题；有的提示分析结论；也有的经济活动分析报告省略掉这一部分，直截了当地表述中心内容。

（2）情况　写明经济活动的情况，运用大量的数据说明经济指标的完成情况、变化情况及存在的问题、技术或管理措施实施情况、业务工作开展情况等，或用文字叙述，或将指标列成表格，常常是列表加文字说明。写情况是为了总结经验，揭露问题，为下文分析作好铺垫。

（3）分析　经济活动分析报告要以分析为主，而不能只堆砌材料，罗列事实。缺少有理有据、深入细致的分析，写作就不能算是成功的。这部分要运用适当的分析方法，如对比分析、因素分析、平衡分析、分解分析、综合分析等方法分析，分清主次，抓住关键，力求揭示经济活动的本质和规律。

通过基本情况，找出主客观影响因素，对经济效益进行评价，在分析中既要分析成绩取得的原因，总结经验，又要善于揭示矛盾，分析问题产生的症结。

（4）措施或建议　这是分析报告的结尾部分，一般是根据分析的结果，回答今后的经济活动将会"怎么样"或者应当"怎么办"的问题。

3. 落款

标明撰写经济活动分析报告的单位名称或人员姓名及写作日期。

六、经济活动分析报告的写作要求

1. 分析要深入、具体

写分析报告，重在深入细致地分析。经济现象是错综复杂的，要真正把握其演变的规律性，就必须进行深入的分析。要通过对各种经济指标的了解、对照、计算来发现问题、剖析矛盾，从而对经济活动有一个正确的评价。经济活动常用的分析方法有对比分析法、因素分析法和动态分析法等。不管使用何种方法，都要做到说明问题条理清楚、分析问题切中要害、评价判断恰如其分。不想当然人为地制造因果联系，不作似是而非、模棱两可的肯定或否定，也不作脱离实际情况的"拔高"或强扭角度。

2. 抓住主要矛盾，解决重点问题

经济活动分析涉及面很广，内容繁多，但撰写分析报告却不能面面俱到，而要从分析报告的目的出发，围绕中心，抓住主要矛盾，深入分析，解决重点问题。只有这样才能提出切实可行的建议和办法。否则，眉毛胡子一齐抓，难以解决实际问题。

3. 要重视运用第一手资料

撰写经济活动分析报告离不开资料，而资料既包括计划资料、会计核算资料，又包括深入实际调查研究所获取的第一手资料。在写作过程中，要重视运用第一手资料，搞清楚经济活动的全过程，有的放矢地进行分析。

4. 叙述要简明，有说服力

撰写经济活动分析报告，叙述问题要简明扼要，观点明确，建议可行，具有较强的说服力。只有这样，才能对实际工作起指导作用。

思考题

1. 经济活动分析报告有哪些常用的分析方法？
2. 经济活动分析报告的正文部分由哪几部分组成？各有什么要求？

第十节　审计报告

情境导入

2015 年 10 月，资深注册会计师王×受××镇人民政府的委托，参与对桃花村本届村民委员会在财政转移支付资金、村集体资产的管理使用、财务收支、生产经营和建设项目的发包管理、集体债权债务等方面进行审查审计的工作，并要求公布审查审计结果。

你了解审计工作和审计报告吗？审计工作和审计报告有什么意义？

实例阅读

【例文】

村级财务审计报告

××镇党委、政府：

村级财务审计组受镇党委、政府的委派，于××××年×月×日进入××村，对该村××××年×月至××××年×月的财务进行了审计。经过为期 5 天的审计工作，本届审计圆满结束，现将审计结果报告如下：

一、基本情况

该村辖 _____ 个村民小组，农业户数 _____ 户，农业人口 _____ 人，村支两委干部 _____ 人，共产党员 _____ 人，耕地面积

_____亩，××××年人均纯收入_____元。

二、工作程序

（一）镇审计组于××××年×月×日送达了审计通知书。

（二）村委会接到通知后，财会人员整理了相关会计凭证账本及其财务资料，经民主推荐产生的群众代表和民主理财小组成员共_____人会同镇政府审计组参加财务审计。

（三）工作人员进村之日召开了全村党员、组长、村民代表会议，宣传发动广大群众积极支持配合财务审计，张贴了审计公告。

（四）工作人员在账面审计的同时，下组入户了解情况，走访了部分离任村干部和人大代表，针对群众反映比较强烈的问题进行专项调查。

（五）审计中发现的经济违纪和经济遗留问题，经逐项复查核实后，由镇政府分管领导牵头召开村支两委、全体审计工作人员会议，逐项作出处理并形成书面结论，做到全部退赔兑现。

（六）审计结束后，将审计结果在党员、组长、村民代表会上通报，并张榜上墙向全村村民公示。

三、村财务资产负债变化及期内收支平衡情况

（一）资产负债变化情况（期初为××××年×月，期末为××××年×月）

A. 村财务资产期初总额为_____元，期末资产总额为_____元。期内增加（减少）_____元。其中固定资产增加_____元。

B. 村财务负债期初总额为_____元，期末负债总额为_____元。期内化解（增加）债务_____元。

C. 所有者权益期初总额为_____元，期末总额为_____元，期内增加（减少）_____元。

（二）村财务期内收支平衡情况（期内指××××年×月至××××年×月）

A. 村财务总收入_____元，其中：经营收入_____元，发包及上交收入_____元，补助收入_____元，其他收入_____元，退耕还林补助款_____元，一事一议筹资_____元。

B. 村财务总支出_____元，其中：经营支出_____元，管理费支出_____元，其他支出_____元，工资及补助支出_____元，退耕还林支出_____元，一事一议专项支出_____元。

C. 村财务期内收支核算结果盈余（亏空）_____元。

四、审计中发现的问题和群众反映强烈的问题落实和处理情况

（一）财务制度不完善

有的村没有制订财务管理制度，有的村财务管理制度与现行实际情况不适应、不配套，出现脱节，有的村虽有财务管理制度，但缺乏资金收入、使用及效益措施，导致村级财务管理制度不够完善、健全、规范，接受群众监督乏力。村干部往往都掌握一定的经济大权，既管钱又用钱，收不入账，公款私存私用。有些村随意借村集体收入，借钱后给一张白条，有的甚至连白条也不给，不断出现违纪现象。

（略）

五、对该村财务的审计建议

（一）加强领导，强化法制意识

领导重视是抓好村级财务工作的关键，各级领导要进一步提高村级财务管理工作的认识，特别是乡村主要领导应把村级财务管理工作列入重要的议事日程，积极支持财务工作，为农村会计人员撑腰壮胆，解决一些实际问题。同时，要认真学习《会计法》、《会计基础工作规范》，严格执行财经纪律，增强法制观念。

（略）

（五）强化素质，提高会计水平

1. 要对现阶段的村级会计进行一次清理，把思想素质好、政策水平高、业务技术精、有开拓进取精神、责任心强的中青年聘到村级会计岗位上去。

2. 实行会计人员凭证上岗制度，有计划、有步骤地对村级会计队伍进行理论水平和业务能力培训，经过培训、考核合格的颁发会计证，凡未取得会计证者一律不能上岗。符合报考会计职称条件的，可以参加考试，不断提高政策、业务和职业道德素质，产生的费用由乡村两级共同分担。

3. 要建立村级会计队伍激励制度，对会计工作中有突出贡献的，要在政治上、经济上给予奖励；对工作拖拉、不负责任的要及时给予批评和适当处罚；造成重大损失和责任事故的，依照有关法律法规追究责任。通过建立村级会计培训、奖惩机制，增强农村会计的责任感、紧迫感，不断提高村级会计队伍的整体素质。

特此报告

××镇村级财务审计组

×××　×××

×××　×××

××××年×月×日

必备知识

一、审计报告的概念

审计报告是国家审计机关或会计师事务所的注册会计师，根据国家财经工作制度和独立审计准则的要求，运用会计学理论，在对被审计单位的年度会计报表等实施审计工作的基础上发表意见的书面文件。

审计报告是对审计全过程的总结，是审计工作的最终结果，是具有法律效力的文件，具有法定证明力。

二、审计报告的特点

审计报告具有总结性、答复性、公证性的特点。

1. 总结性

审计人员在围绕审计任务开展工作时，每进行一步都要详细记录，以这些记录为原始材料，做出书面结论性意见，这是审计工作的最后也是最重要的一个步骤，既是对被审计单位的财务、工作作风等情况的全面评价，又是对自身工作的总结，所以审计报告就是审计工作的总结报告，具有较强的总结性。

2. 答复性

审计工作一般是上级或有关部门交办或委办的，工作结束后，必须以书面形式对交办或委办单位有所交代，所以，在审计报告中要针对交办或委办单位的要求和目标，以国家法规为标准，对事实进行科学分析，一一答复说明，做出审计结论，使交办单位或委办单位可以根据审计意见，对有关问题做出正确、适当的处理。

3. 公证性

虽然各类审计报告的要求和内容不尽相同，但审计人员是以第三者的身份，按照国家有关规定进行审计工作，是合法的、有效的，审计报告是具有公证作用的文件，具有合法的证明效力。

三、审计报告的分类

1. 按审计主体不同

审计按主体不同可以分为国家审计、内部审计和社会审计，与之相应的审计报告也可以分国家审计报告、内部审计报告和社会审计报告。

（1）国家审计报告　是指审计机关实施审计后，依法对被审计单位的财政收支、财务收支的真实、合法、效益发表审计意见的书面文件，是审计机关向被审计单位出具的审计意见书、作出审计决定、进行审计结果公告的基础和依据。

（2）内部审计报告　是指内部审计人员，根据审计计划对被审计单位实施必要的审计程序后，就被审计单位经营活动和内部控制的适当性、合法性和有效性出具的书面文件。

（3）社会审计报告　是指注册会计师根据独立审计准则的要求，在实施了必要的审计程序后出具的，用于对被审计单位年度会计报表发表审计意见的书面文件。

2. 按审计结果不同

审计人员根据审计结果和被审计单位对审计调整建议的处理情况，提出不同的审计意见，形成了审计报告的各种类型，包括无保留意见、保留意见、否定意见和无法表示意见四种类型。

其中，无保留意见又可以分为：标准的无保留意见和带有强调事项段的无保留意见（非标准）。

（1）标准审计报告

① 标准审计报告的意义　标准审计报告指不附加说明、强调事项段或任何修饰性用语的无保留意见的审计报告。

注册会计师认定被审计单位的会计报表符合会计准则和相关会计制度的规定，在所有重大方面公允反映了被审计单位的财务状况、经营成果和现金流量后对被审计单位的会计报表无保留地表示满意。

标准审计报告意味着注册会计师认为会计报表的反映是公允的，能满足非特定多数关系人的共同需要，并对发表的意见负责。

② 出具标准审计报告应符合的条件　会计报表符合会计准则和相关会计制度的规定，在所有重大方面公允反映被审计单位财务状况、经营成果和现金流量。

注册会计师已经按照《中国注册会计师审计准则》计划和实施了审计工作，在审计过程中未受到限制。

不存在应当调整或披露而被审计单位未予调整或披露的重要事项。

（2）带有强调事项段的无保留意见审计报告

① 强调事项段的意义　注册会计师认定企业在会计核算中出现的某些事项可能对会计报表产生重大影响；被审计单位的会计处理适当、在会计报表中也作出了充分披露，并且这些事项不影响注册会计师发表的审计

意见时，则在无保留意见段后增加强调事项段，从而出具带有强调事项段无保留意见的审计报告。

② 出具非标准无保留意见审计报告的条件　当存在可能导致对持续经营能力产生重大疑虑的事项或情况、但不影响已发表的审计意见时，注册会计师应当在审计意见之后增加强调事项段对此予以强调。

当存在可能对会计报表产生重大影响的不确定事项（持续经营问题除外）、但不影响已发表的审计意见时，注册会计师应当考虑在审计意见之后增加强调事项段对此予以强调。

（3）保留意见审计报告

① 保留意见审计报告的意义　保留意见是指注册会计师认为被审计单位的会计报表就整体而言是公允的，但对会计报表的反映有所保留的审计意见。一般是由于某些事项的存在，使无保留意见的条件不完全具备，影响了被审计单位会计报表的表达，因而注册会计师对无保留意见加以修正，对影响事项提出保留意见，并表示对该意见负责。

② 出具保留意见审计报告的条件　会计政策的选用、会计估计的作出或会计报表的披露不符合企业会计准则和相关会计制度的规定，虽影响重大，但不至于出具否定意见的审计报告；因审计范围受到限制，无法获取充分、适当的审计证据，虽影响重大，但不至于出具无法表示意见的审计报告。

（4）否定意见的审计报告

① 否定意见审计报告的意义　否定意见是指与无保留意见相反，注册会计师对会计报表公允地反映被审计单位财务状况、经营成果和现金流量不认可的审计意见。即被审计单位的会计报表不符合国家颁布的企业会计准则和相关会计制度的规定，未能公允地反映被审计单位的财务状况、经营成果和现金流量。这种情况在审计实务中很少见。

② 出具否定意见审计报告的条件　当未调整事项、未确定事项等对会计报表的影响程度超出一定范围，以致对会计报表产生了无法接受的影响，被审计单位的会计报表已失去其价值时。

注册会计师如果认为会计报表不符合国家颁布的企业会计准则和相关会计制度的规定，未能从整体上公允地反映被审计单位的财务状况、经营成果和现金流量时。

（5）无法表示意见的审计报告

① 无法表示意见审计报告的意义　注册会计师出具无法表示意见，不是注册会计师拒绝接受委托，而是注册会计师实施了一系列的审计程序

后发表审计意见的一种方式；注册会计师出具无法表示意见，也不是不愿发表意见。如果注册会计师已能确定应当出具保留意见或否定意见的审计报告，不得以无法表示意见的审计报告来代替。这种情况在审计实务中只能用罕见来形容。

② 出具无法表示意见审计报告的条件　由于某些主观或者客观的限制未能对某些重要事项取得证据，没有完成取证工作，使得注册会计师无法判断问题的归属及其对会计报表的影响程度，因而无法表示（肯定、否定或保留）意见。

四、审计报告的作用

1. 鉴证作用

审计报告对被审计单位会计报表中所反映的财务状况、经营成果和现金流量情况的合法性、公允性具有鉴证作用。

2. 保护作用

审计报告在一定程度上对被审计单位的财产、债权人和股东的权益及企业利害关系人的利益起到保护作用。

3. 促进作用

注册会计师在审计过程中可以发现被审计单位存在的问题，提出改进管理的意见和建议，起到促进财务信息质量提高的作用。

4. 证明作用

审计报告可以证明注册会计师在审计过程中是否完成预定的审计程序，是否以审计工作底稿为依据客观地表示审计意见；表示的审计意见是否与被审计单位的实际情况相一致；审计工作的质量是否符合一定的要求。通过审计报告，可以证明注册会计师审计责任的履行情况。

五、审计报告的撰写

审计报告的结构一般由标题、主送单位、正文、结尾、附件、署名和日期构成。

1. 标题

标题可直接以"审计报告"为题，但多数写明审计的目的和对象。

2. 主送单位

主送单位即审计报告的呈递单位，主要是委托单位，也可以是被审计单位的上级主管部门。

3. 正文

正文是审计报告的主体部分，通常要写出五个方面的内容。

① 审计概况基本情况介绍，如审计依据、目的和范围，被审计单位名称及业务性质等；

② 审计中发现的问题，要掌握判断的标准及有关规定；

③ 提出初步决定；

④ 提出审计意见或建议；

⑤ 对被审计单位进行评价，即作出审计结论。

其中，第③、第④可以合为一项来写。

4. 结尾

因为审计报告是上呈文，所以正文后往往以"以上意见当否，请审定"为结，也可以不写。

5. 附件

附件通常是审计中掌握的不便写入正文的有关证据，如凭证、证词、账簿中的材料等，一并附在审计报告后，以备查用。没有，则可以免去。

6. 署名和日期

署名和日期写在正文后右下角，包括审计单位、审计人员姓名并加盖印章，下面是审计报告的写作时间。

六、写审计报告的注意事项

写作审计报告，要实事求是，态度明确；内容要完整，数字要可靠；文字要简练，语言要庄重。

思考题

1. 审计报告有哪些类型？

2. 审计报告在正文部分应写清楚哪些内容？

第七章

农村法律文书

法律文书有广义、狭义之分。广义的法律文书是指一切涉及法律内容的文书。狭义的法律文书是指在诉讼活动中和与诉讼活动有关的活动中所制作的具有法律效力或法律意义的文书。

法律文书类型众多，本章仅介绍人们在法律生活中常见的几种法律文书：起诉状、上诉状、再审申请书、答辩状、反诉状、劳动仲裁申请书。

第一节 起诉状

情境导入

××××年×月×日，××市××种鸡场（甲方）与徐××（乙方）签订《土地房屋租赁合同》，合同约定：①甲方将位于××市××路东西场区空闲地（北界由北墙向南20米起，南界至传达室北墙，东界至东墙，西界至西墙）出租给乙方使用。②土地房屋租赁期为一年，自二零一五年三月十日至二零一六年三月九日止。③年租赁费为壹万陆仟元。④租赁费缴纳方式：由乙方2015年3月10日前缴纳给甲方捌仟元，2015年9月1日前缴纳给甲方捌仟元。如逾期缴纳租金超过30日的，乙方每日应向甲方缴纳年租金千分之三的违约金，如逾期超过60日的甲方有权解除合同。

《土地房屋租赁合同》签订后，甲方依约履行合同，乙方租赁使用甲方的土地房屋。截止到2017年3月10日，乙方租赁使用甲方的土地房屋已满两年，向甲方交了一年的租金后却以各种理由推托拒绝交纳。现甲方要求解除与乙方签订的《土地房屋租赁合同》，并要求乙方支付土地房屋租金及违约金。现双方协商不成，甲方将向法院起诉。

想一想，甲方应怎样书写起诉状？

实例阅读

【例文一】

民事起讼状

原告：张××，女，××××年×月×日出生，汉族，住××市××乡××村××号。

被告：李××，男，××××年×月×日出生，汉族，住××市××乡××村××号。

被告：××××保险股份有限公司××中心支公司，地址：××市××西路××号。

负责人：刘××，经理。

诉讼请求

1. 被告李××赔偿原告医疗费、误工费、护理费、住院伙食补助费、交通费、鉴定费、残疾赔偿金、精神损害赔偿金等各项损失合计人民币×××××元。

2. 被告××××保险股份有限公司××中心支公司在保险责任限额内承担赔偿责任。

3. 本案诉讼费用由第二被告承担。

事实和理由

××××年×月×日××时××分，被告李××驾驶自己所有的×H×××××小型普通客车，在××市××区××南路由南向北行驶过程中，撞到正在该路段同向行走的原告张××，造成原告左腿股骨骨折住院治疗。该交通事故经×××公安局交通管理大队作出［济公交认字］第×××道路交通事故认定书，李××负此事故全部责任，张××此事故无责任。×H×××××小型普通客车在××××保险股份有限公司××中心支公司投保了交通强制保险和商业保险。原告为维护自身的合法权利特提起诉讼，请求贵院依法支持诉讼请求。

此致

××市××区人民法院

具状人：张××

××××年×月×日

附：

1. 民事起诉状副本三份。

2. 原告身份证复印件一份。

3. 道路交通事故认定书复印件一份。

4. ××市人民医院诊断证明书一份。

5. ××××保险股份有限公司××中心支公司企业注册基本信息材料一份。

【例文二】

行政起诉状

原告：张××，男，××××年×月×日出生，汉族，住××市××镇××村××号。

被告：××市国土资源局，地址：××县××路××号。

法定代表人：×××，局长。

诉讼请求：

1. 撤销被告作出的《责令限期拆除决定书》（〔××××〕××号）。

2. 本案诉讼费用由被告承担。

事实与理由：

原告于××××年×月×日通过"其他方式的承包"，承包了××市××镇××村的土地××亩。××××年×月起，原告在承包土地上建设了养殖用房，进行家禽养殖至今。××××年×月×日原告收到了被告作出的《行政处罚告知书》（〔××××〕××号），被告于×月×日又向原告送达了《责令限期拆除决定书》（〔××××〕××号），责令原告在×××年×月×日前拆除在承包土地上自建的养殖用房。

原告认为自己建设的养殖用房距离被告送达《责令限期拆除决定书》达十年以上，并且符合《农业部关于加快畜牧业发展的意见》的规定。被告认定原告的养殖用房属于违法建设，责令原告限期拆除，在认定事实与适用法律上均存在错误。原告为维护自身合法权益，特诉至贵院敬请依法支持诉求。

　　　　此致

××市××区人民法院

　　　　　　　　　　　　　　　　　　起诉人：张××

　　　　　　　　　　　　　　　　　××××年×月×日

附：

1. 行政起诉状副本两份。

2. 原告身份证复印件一份。

3.《责令限期拆除决定书》（〔××××〕××号）复印件一份。

【例文三】

刑事自诉状

自诉人：王××，女，××××年××月××日出生，汉族，农民，住××市××县××乡××村。

被告人：刘××，男，××××年××月××日出生，汉族，工人，住××市××县××厂宿舍。

诉讼请求：

1. 依法追究被告人犯重婚罪的刑事责任。

2. 被告人赔偿自诉人精神损害赔偿金××××元。

事实和理由：

自诉人王××和被告人刘××经人介绍认识，于××××年×月×日登记结婚。自诉人与被告人婚后感情一般，××××年×月×日生婚生子刘×。自××××年起，被告人与其同事郑××产生婚外情，后来进一步发展到夜不归宿，特别是今年以来被告人长期不回家。经自诉人近一段时间的调查走访得知，被告人在郑××处与其以夫妻名义共同生活，两人现育有一女。被告人的行为已构成重婚罪，给自诉人的精神造成了巨大伤害。根据《中华人民共和国刑法》第258条，以及《最高人民法院关于〈婚姻登记管理条例〉施行后发生的以夫妻名义非法同居的重婚案件是否以重婚罪定罪处罚的批复》等法律规定，被告人的行为已构成重婚罪。自诉人请求贵院依法追究被告人犯重婚罪的刑事责任，并判决被告人赔偿自诉人精神损害赔偿金人民币××××元。

此致

××市××区人民法院

自诉人：王××

××××年×月×日

附：

1. 刑事自诉状副本两份。

2. 原告身份证复印件一份。

3. 证人×××、×××的证言两份。

 **必备知识**

一、起诉状的概念

起诉状亦称"诉状"，是指自然人、法人或者其他组织因自身合法权益遭受侵害而依法向人民法院提起诉讼的法律文书。

二、起诉状的类型

根据诉讼的性质和目的不同，起诉状可分为民事起诉状、行政起诉状和刑事起诉状三类。

1. 民事起诉状

民事起诉状是自然人、法人或者其他组织为了维护自身民事合法权益，根据事实或法律，就民事纠纷向有管辖权的人民法院提起诉讼，请求人民法院依法处理其民事权益纠纷的诉讼文书。

2. 行政起诉状

行政起诉状是自然人、法人或其他组织认为行政机关及其工作人员的具体行政行为侵犯了其合法权益，根据事实和法律，向有管辖权的人民法院提起诉讼，请求人民法院依法处理其行政权益纠纷的诉讼文书。

3. 刑事起诉状

刑事起诉状包括公诉案件的刑事起诉书和自诉案件的刑事自诉状。刑事起诉书是指人民检察院经过侦查或审查确认被告人的行为涉嫌犯罪，向人民法院提起公诉时所制作的诉讼文书。刑事自诉状是指刑事自诉案件的被害人或者其法定代理人为追究被告人的刑事责任，向有管辖权的人民法院提起诉讼，请求追究被告人刑事责任的诉讼文书。

三、提起诉讼的条件

1. 民事诉讼的条件

① 原告是与本案有直接利害关系的自然人、法人或者其他组织；

② 有明确的被告；

③ 有具体的诉讼请求和事实、理由；

④ 属于人民法院受理民事诉讼的范围和受诉人民法院管辖。

2. 行政诉讼的条件

① 具体行政行为的相对人以及其他与具体行政行为有利害关系的自然人、法人或者其他组织，有权提起诉讼；

② 有明确的被告；

③ 有具体的诉讼请求和事实根据；

④ 属于人民法院受案范围和受诉人民法院管辖。

3. 刑事自诉的条件

① 被害人或其法定代理人提起刑事自诉；

② 有明确的被告人和具体的诉讼请求；

③ 有能够证明被告人犯有被指控的犯罪事实的证据；

④ 属于自诉案件范围和受诉人民法院管辖。

自诉案件包括下列案件：告诉才处理的案件（包括侮辱、诽谤罪，暴力干涉婚姻自由罪，虐待罪，侵占罪）；被害人有证据证明的轻微刑事案件；被害人有证据证明对被告人侵犯自己人身权利、财产权利的行为应当依法追究刑事责任，而公安机关或者人民检察院不予追究被告人刑事责任的案件。

四、起诉状的写法

起诉状由首部、正文、尾部三部分组成。

1. 首部

（1）标题　标题要标明起诉状的名称，具体写"民事起诉状"，或者"行政起诉状"，或者"刑事自诉状"。

（2）当事人的基本情况

① 写明"原告"与"被告"。如果是刑事自诉起诉状写"自诉人"和"被告人"。

② 原告（被告）是自然人的，写明其姓名、性别、出生日期、民族、住所；

③ 原告（被告）是法人或者其他组织的，写明其名称、住所，法定代表人（或者主要负责人的姓名）、职务。

④ 原告（被告）有法定代理人、委托代理人的，写明其姓名、性别、出生日期、民族、住所。委托代理人是律师的，写明其姓名和工作单位。

2. 正文

（1）诉讼请求　诉讼请求即原告起诉要求达到或实现的目的和意图。要求写得明确、具体、合理、合法，且文字概括、简练。

诉讼请求主要写明原告请求法院裁判的具体诉讼主张。在不同性质的起诉状中有不同的诉讼请求，同种性质的起诉状也因不同的案由诉讼请求各不相同。如：民事起诉状中请求判决准予与被告离婚，请求判决被告继续履行建筑工程合同，请求判决被告偿还原告借款等民事诉讼请求；行政起诉状中请求变更或撤销行政机关的具体行政行为，请求确认行政机关的具体行政行为违法等行政诉讼请求；刑事自诉状中请求法院追究被告人的刑事责任，请求被告人附带民事赔偿等刑事诉讼请求。

（2）事实与理由　事实与理由是起诉状的核心，是请求人民法院裁判原告、被告之间权益纠纷和争议的依据。事实与理由主要包括下列内容。

① 陈述事实

a. 在民事起诉状中，应写明原告、被告存在民事法律关系与纠纷的基本事实，如原被告发生民事法律关系的时间、地点、经过，产生民事法律纠纷的原因、过程和后果等。

b. 在行政起诉状中，应写明行政机关及其工作人员的具体行政行为发生的时间、地点、经过，以及侵犯原告合法权益的原因、经过和结果等。

c. 在刑事自诉状中，应写明被告人实施犯罪行为的时间、地点、动机、目的、手段、情节以及危害结果等。如提起附带民事诉讼，还应写明被告人的行为造成原告人经济损失的事实。

② 说明理由　说明理由就是对案件事实进行分析论证，说明被告行为的违法性，为原告诉求的合法性找到事实与法律依据。一般来说包括两个方面：首先，对被告的违反当事人约定、法律规定（甚至刑法）的案件事实进行概括性陈述；其次，援引法律规定说明被告违法、违约行为应当承担的法律责任，为法院支持自己的诉求提供法律依据。

3. 尾部

起诉状的尾部包含如下内容。

（1）写明致送法院　正文后另起一行空两格书写"此致"，另起一行顶格书写"×市××区人民法院"。

（2）写明起诉人的姓名或者名称和日期　如"具状人：×××"，或者"起诉人：×××"，或者"自诉人：×××"，同时写明提交起诉状的时间，如"××××年×月×日"。

（3）附项　写明起诉状副本份数，一般按被告数量决定起诉状副本份数；写明起诉状所涉证据的证据名称及其份数。如"民事起诉状副本一份"、"证人×××证言一份"等。

五、起诉状的基本格式

1. 民事起诉状

民事起诉状

原告：姓名、性别、出生日期、民族、住所。

被告：姓名、性别、出生日期、民族、住所。

诉讼请求：

1. ＿＿＿＿＿＿＿＿＿＿＿＿＿＿＿＿＿＿＿＿。

2. ＿＿＿＿＿＿＿＿＿＿＿＿＿＿＿＿＿＿＿＿。

3. ＿＿＿＿＿＿＿＿＿＿＿＿＿＿＿＿＿＿＿＿。

事实与理由：

＿＿＿＿＿＿＿＿＿＿＿＿＿＿＿＿＿＿＿＿＿＿＿＿＿＿

＿＿＿＿＿＿＿＿＿＿＿＿＿＿＿＿＿＿＿＿＿＿。

　　　　　此致

××市××区人民法院

　　　　　　　　　　　　　起诉人：×××

　　　　　　　　　　　　　×××年×月×日

附：

1. 民事起诉状副本×份。

2. 原告身份证复印件×份。

3. 书证×份。

2. 行政起诉状

行政起诉状

原告：姓名或者名称（法人或其他组织）、住所地。

法定代表人（主要负责人）：姓名、职务。

被告：名称（行政机关），住所地。

法定代表人：姓名、职务。

诉讼请求：

1. ＿＿＿＿＿＿＿＿＿＿＿＿＿＿＿＿＿＿＿＿。

2. ＿＿＿＿＿＿＿＿＿＿＿＿＿＿＿＿＿＿＿＿。

事实与理由：

_____

_____。

　　　此致
××市××区人民法院

起诉人：×××

×××年×月×日

附：
1. 行政起诉状副本×份。
2. 原告营业执照及组织机构代码证复印件×份，法定代表人身份证明书×份。
3. 被告具体行政行为文书复印件×份。

3. 刑事自诉状

刑事自诉状

自诉人：姓名、性别、出生日期、民族、住所。
被告人：姓名、性别、出生日期、民族、住所。
诉讼请求：
1. _____。
2. _____。
事实与理由：

_____

_____。

　　　此致
×××人民法院

自诉人：×××

××××年×月×日

附：
1. 刑事自诉状副本×份。
2. 刑事自诉人身份证复印件×份。
3. 书证×份。
4. 物证×份。

六、起诉状的写作要求

1. 格式书写要规范

起诉状有明确的格式要求，尤其是首部和尾部。起诉人必须按照起诉状的格式要求书写。否则，法院可能要求补正、重写，会耽误起诉立案的时间。

2. 诉讼请求必须明确、具体、合法

诉讼请求不能模棱两可，应明确具体，既不能超越法律规定，又要使自己的合法权益得到法律保护。

3. 事实与理由部分应完整简洁

陈述案件事实，一般以时间为序，既要体现案件事实的完整性，又要力求法律文书的简洁性。

思考题

1. 起诉状有哪些种类？提起诉讼的条件分别是什么？

2. 起诉状由哪些部分组成？

3. 起诉状的基本格式包括哪些要素？如何书写一份起诉状？

第二节 上 诉 状

情境导入

××××年×月×日，原告郑××到××县人民法院起诉要求与被告王××离婚。××县人民法院经开庭审理查明，双方感情确已破裂，依法判决准予原告、被告离婚。法院判决结果有三项：1. 准予原告郑××与被告王××离婚；2. 婚生女郑××由原告郑××抚养，被告王××每月25日前支付抚养费××元，支付至婚生女郑××年满18周岁；3. 所有权人为被告郑××的坐落于××区××街××小区×号楼×单元×号的房屋归原告郑××所有。

被告王××接到法院判决书后，对判决结果第一项、第三项无异议，对第二项表示不服，想夺回孩子的抚养权。被告王××如何向法院提出要回孩子的抚养权？请你帮她书写上诉状。

实例阅读

【例文一】

民事上诉状

上诉人（原审原告）：巩××，男，××××年×月××日出生，汉族，住址：××县××中路××号××号楼×单元××室。

被上诉人（原审被告）：何××，男，××××年×月××日出生，汉族，住址：××县××街道办事处××村×号。

被上诉人（原审被告，系何××之妻）：王××，女，××××年×月××日出生，汉族，住址：××县××街道办事处××村×号。

上诉人因与被上诉人买卖合同纠纷一案，不服××省××市××区人民法院作出的（××××）××××商初××××号民事判决书，现提起上诉。

上诉请求：

1. 请求二审法院撤销（××××）××××商初××××号民事判决，依法改判被上诉人偿还上诉人货款××万元及利息；

2. 本案诉讼费用由被上诉人承担。

事实与理由：

1. 本案买卖合同纠纷的基本事实

本案中，上诉人提供的转账记录、录音、微信记录等证据相互印证，充分证明本案的基本事实是：××××年×月，上诉人向被上诉人转账支付货款××万元订购被上诉人的羽绒服，后被上诉人发货存在严重质量问题，被上诉人经与上诉人协商确定同意退还上诉人全部货款。截至××××年×月×日向上诉人转账×万元后，被上诉人仍欠上诉人×万多元货款。依上诉人的诉讼请求，被上诉人依法应偿还上诉人货款×万元及利息。

2. （××××）××××商初××××号民事判决书驳回上诉人的诉讼请求明显是错误的

（××××）××××商初××××号民事判决书在认定上诉人向被上诉人王××转款××万元，其后被上诉人何××向上诉人打款且被上诉人何××承诺再向上诉人打款等事实的情况下，不顾上诉人证据相互印证证明的案件事实，却以无法证明款项性质和无法准确认定所要支付的款项对应的合同关系等理由，驳回上诉人请求被上诉人偿还货款××万元及利息的诉讼请求明显是错误的。

　　由此，上诉人请求二审法院撤销（××××）××××商初××××号民事判决，依法改判被上诉人偿还上诉人货款××万元及利息且被上诉人承担本案诉讼费用。

　　　　此致
××市中级人民法院

　　　　　　　　　　　　　　　　　　　上诉人：巩××
　　　　　　　　　　　　　　　　　　　××××年×月×日

附：

1. 民事上诉状副本八份。

2. 上诉人身份证复印件一份。

3. ××市××区人民法院（××××）××××商初××××号民事判决书一份。

【例文二】

行政上诉状

　　上诉人（一审原告）：韩××，女，××××年×月×日出生，汉族，住××市××东区××××××公司宿舍×单元×层××户。

　　被上诉人（一审被告）：××市房产管理局，地址：××市××路×号。

　　法定代表人：冯××，局长。

　　原审第三人：刘××，男，××××年×月×日出生，汉族，×××××公司职工，住××市市中区××路××号。

　　上诉人因与被上诉人房屋行政登记一案，不服××省××市××区人民法院作出的（××××）××××行初××号行政判决书，现提起上诉。

　　上诉请求：

1. 撤销（××××）××××行初××号行政判决，撤销被上诉人作出的××市房权证中区（房改）字第××号房屋所有权证；

2. 本案诉讼费用由被上诉人承担。

　　事实和理由：

1. 被上诉人提交的证据1（出售公房许可证）和证据5（山东省城镇公房所有权证）证明上诉人拥有本案所涉房屋的购房许可权，不能证明第三人拥有该房购房许可权。

被上诉人提交的证据1和证据5证明××市印刷包装总公司××××年×月×日获得本案所涉房屋的所有权、××××年×月×日年获得本案所涉房屋的出售公房许可证。本案中，各方当事人均认可，以所有权为基础的许可证所涉购房许可权，由上诉人享有而不是第三人享有。上诉人正是依据该项许可，才于××××年×月×日向××市印刷包装总公司缴纳房款，购买了本案所涉房屋。

2. 被上诉人提交的证据7（市区购房职工配偶住房及工龄情况调查表）不能证明第三人配偶没有住房，即不能证据证明第三人拥有本案所涉房屋购房资格。

在被上诉人提交的证据7中，××区供电公司证明的内容是："兹证明参加工作时间属实"（具体见劳资部门签章一栏），没有在"在本单位有无住房或私房：无"一栏盖章，即没有证明第三人配偶住房情况。

3. 依据《××市出售公有住房办法》的规定，第三人不具有本案所涉房屋的房改房购买资格，无权购买本案所涉房屋，被上诉人为第三人办理的房产证应依法撤销。

本案审理中已查明：从××××年至今，上诉人始终在本案所涉房屋中居住，第三人自始自终不是本案所涉房屋的承租人。另外，该房既不是新建住房，也不属于腾空的公有住房。根据《××市出售公有住房办法》第十条："购买在租公有住房，必须是现住房的承租人，以标准价购买或腾空的公有住房，须是符合分房条件的职工"的规定，第三人不符合购买该房条件的购买资格。

由此，上诉人拥有本案所涉房屋的购房许可权；第三人不具有本案所涉房屋的购房许可权，不具备本案所涉房屋的房改房购买资格。在上诉人始终居住在本案所涉房屋的情况下，被上诉人公然违反《××市出售公有住房办法》第十条的明确规定，将上诉人所购住房确权在刘××名下的行为严重违法，依法应予以撤销。

　　此致
××市中级人民法院

　　　　　　　　　　　　　　　　　　上诉人：韩××
　　　　　　　　　　　　　　　　　　××××年×月×日

附：

1. 民事上诉状副本八份。

2. 上诉人身份证复印件一份。

3. ××市××区人民法院（××××）××××行初××号行政判决书一份。

【例文三】

刑事上诉状

上诉人：陈××，男，××××年×月××日出生，汉族，住××县××西街××号，现羁押于××县看守所。

上诉人不服××省××市××县人民法院作出的（××××）××××刑初××号刑事判决书，特向贵院提起上诉。

上诉请求：

撤销（××××）××××刑初××号刑事判决，改判对上诉人从轻处罚并适用缓刑。

事实和理由：

一、一审判决认定上诉人在共同犯罪中系主犯，认定事实错误，证据不足

1. 一审判决认定上诉人为主犯，属于认定事实错误

本案中，上诉人并非涉案犯罪活动的组织者、领导者，其只是帮助杨××保存、运送空白车船税，客观上起到次要作用，不应认定为主犯；从雇佣关系上看，雇主是杨××，陈××是雇员；从房屋租赁合同上，杨××租赁房屋，陈××未参与；从与保险公司工作人员商定分成上看，杨××与保险公司人员商定，陈××未参与。

上诉人既未积极组织策划犯罪活动，也没有为犯罪活动的开展招募人员或者做其他筹备工作，只是协助杨××保存、运送空白车船税，客观上只起到从属的作用，一审法院认定其在共同犯罪中起主要作用无事实依据。

2. 一审法院认定上诉人系主犯，证据不足

《中华人民共和国刑事诉讼法》第五十三条规定，对一切案件的判处都要重证据，重调查研究，不轻信口供。本案中一审法院认定上诉人为主犯的唯一依据是同案犯的供述，根本没有其他证据予以佐证；且同案犯的供述中存在疑点与矛盾，不足以证明上诉人为本案主犯。另外，李××在讯问笔录中称陈××应该是幕后老板，"应该"一词只是猜测或推定陈××是幕后老板，而没有证据予以证明。根据《最高人民法院关于适用〈中华人民共和国刑事

诉讼法〉的解释》第七十五条第二项，证人的猜测性、评论性、推断性的证言，不得作为证据使用，因此李××有关供述不能予以采信。

二、上诉人存在从轻处罚的情节

1. 无论是在侦查、审查起诉阶段还是在审判阶段，上诉人均如实供述自己的罪行，表示自愿认罪，且态度良好。根据《中华人民共和国刑法》第六十七条第三款的法律规定，上诉人如实供述自己罪行，可以从轻处罚。

2. 上诉人犯罪情节较轻，有悔罪表现，没有再犯罪的危险，宣告缓刑对所居住社区没有重大不良影响。根据《中华人民共和国刑法》第七十二条第一款的法律规定，对于被告人可以宣告缓刑。

综上所述，原审法院认定事实错误，证据不充分，且未充分考虑上诉人所具备的从轻以及适用缓刑的情节，导致判决结果明显过重，请二审法院依法改判对上诉人从轻处罚并适用缓刑。

此致
××市中级人民法院

上诉人：陈××
××××年×月×日

附：
1. 民事上诉状副本七份。
2. 上诉人身份证复印件一份。
3. ××市××区人民法院（××××）××××刑初××××号刑事判决书一份。

 必备知识

一、上诉状的概念

上诉状是民事、行政或刑事诉讼案件的当事人对地方各级人民法院作出的第一审民事、行政或刑事判决或裁定不服，按照法定的程序和在法定的上诉期内，向原审人民法院的上一级人民法院提出的请求改判的诉讼文书。

二、上诉的意义

上诉是法律赋予诉讼当事人的一项法定诉讼权利。《中华人民共和国民事诉讼法》、《中华人民共和国刑事诉讼法》、《中华人民共和国行政诉讼

法》，对当事人的上诉权都作了具体明确的法律规定。

上诉权利的行使，对当事人维护合法权益和完善司法制度具有重要意义：一方面，如果上诉符合事实，理由充分，经二审法院审理后，做出正确裁决，可避免冤案错案的发生。另一方面，如果原审裁决正确。经终审裁决后，就可以使正确的裁决得以维持，保证了法律的正确实施。

三、上诉状的特点

① 必须是由民事、刑事、行政诉讼当事人及其法定代理人提起上诉。

② 必须是对地方各级人民法院第一审裁判不服才提起上诉。

③ 必须在判决送达十五日内、裁定送达十日内向做出第一审裁判的上一级人民法院提起上诉。

四、上诉状的写法

上诉状由首部、正文、尾部组成。

1. 首部

（1）标题　标题要写明上诉状的名称，如"上诉状"或者"民事上诉状"、"行政上诉状"、"刑事上诉状"。

（2）当事人的基本情况　上诉状当事人按上诉人、被上诉人、原审第三人的顺序写明，并在上诉人、被上诉人后用括号注明其在原审中的诉讼地位（如原审原告、原审被告等）。

上诉人（被上诉人）有法定代理人或者委托代理人的，写明其姓名、性别、职业、工作单位、职务、住所等，法定代理人姓名后括注其与当事人的关系。如果委托代理人是律师的，只写其姓名、工作单位。

2. 正文

（1）案由　民事、行政上诉状一般表述为：上诉人×××因与被上诉人×××（关于）××××纠纷一案，不服××省××市××区人民法院作出的（××××）××××民（行）初××号民事（行政）判决书，现提起上诉。

刑事上诉状一般表述为：上诉人不服××省××市××县人民法院作出的（××××）鲁××××刑初××号刑事判决书，特向贵院提起上诉。

（2）上诉请求　上诉请求应写明上诉人请求第二审人民法院依法撤销或变更原审裁判，以及如何解决诉讼争议的具体要求。如：请求依法撤销（或变更）原判决第×项，依法改判×××××××××。

上诉请求要明确、具体，要有针对性，文字要简洁。

（3）事实与理由　上诉事由要明确陈述原审裁判在认定事实、适用法律、诉讼程序等方面存在的错误，运用客观的事实、充分的证据和相关法律依据加以反驳、论证，以说明自己的上诉请求正确合法，应当予以支持。上诉事由要有的放矢，层次分明，逻辑性强。事由如有几个方面，可分条列项来写，使上诉请求得到充分的说明，以便二审法院支持。具体事由可从以下三个方面着手。

①认定事实方面　具体指出原审裁判在认定事实上有哪些错误，如原判认定的事实不存在，原判认定的事实有遗漏，原判认定的事实证据不足等，阐述否定或变更原审认定的事实根据和相关证据。

②适用法律方面　具体提出原审裁判在适用法律方面的错误及有关定性、量刑的不当之处，如原判不适用于所引以为据的法律条文，原判定性不当以致裁判过重或过轻等，需阐述案件事实应该适用的具体法律条文，论证原审裁判应予变更或撤销的法律依据。

③诉讼程序方面　具体提出原审法院在审理案件、作出裁判的过程中有哪些违反诉讼程序之处，应该适用怎样的法律程序等，指出纠正程序违法的法律依据。

3. 尾部

（1）写明致送的法院　在正文之后另起一行空两格写"此致"，另起一行顶格写致送法院，如"××市中级人民法院"。

（2）写明上诉人姓名和日期　在致送法院之后书写"上诉人：×××"，下一行书写"××××年×月×日"。

五、上诉状的基本格式

上诉状

上诉人（一审原告）：姓名、性别、出生日期、民族、职业、工作单位、住址。

被上诉人（一审被告）：姓名、性别、出生日期、民族、职业、工作单位、住址。

上诉人因与被上诉人×××（关于）×××纠纷一案，不服××省××市××县人民法院作出的（××××）××××民（行）初××号民事判决书，现提起上诉。

上诉请求：

1. _____。
2. _____。

事实与理由：

_____

_____。

　　　　此致
××市中级人民法院

　　　　　　　　　　　　　　　　上诉人：×××
　　　　　　　　　　　　　　　　××××年×月×日

附：

1. 上诉状副本×份。

2. 上诉人身份证复印件×份。

3. ××市××区人民法院（××××）××××民（行）初××号民事判决书×份。

六、上诉状与起诉状的区别

上诉状与起诉状的不同之处主要有以下几方面。

1. 针对对象不同

起诉状源于认为被告的违约或违法行为侵犯了自己合法权益；上诉状源于认为原审裁判有错误，没有保护自己合法权益。

2. 内容侧重不同

起诉状主要并必须写清基本案件事实；而上诉状除了一审认定事实有误而需上诉人再次陈述外，重点需明确指出原审裁判的错误之处，写明不服原审裁判的具体事实与理由。

3. 表达方式不同

起诉状写法上多用叙述和说明的方式；上诉状侧重于据理反驳，讲求事理分析符合逻辑，并要求议论恰当、请求合法。

七、上诉注意事项

① 上诉只能采用书面形式。如果当事人仅在一审判决、裁定送达时口头表示上诉而未在法定期间内递交上诉状，则视为未提出上诉。

② 上诉是当事人享有的法定诉权，一审原告、被告及被判决承担责任的第三人均有权上诉。

✏ **思考题**

....

1. 上诉状有什么特点？上诉状与起诉状有什么区别？
2. 上诉状格式写法包括哪些内容？
3. 说明上诉理由时可以从哪几个方面着手？

第三节　再审申请书

📖 **情境导入**

　　王×菊、王×翠、王×玲系三姐妹。至1985年三姐妹先后结婚成家，王×菊、王×翠嫁至外村，王×玲嫁入本村。王氏三姐妹父亲王××1988年去世，去世时只留有三间土屋。1993年，王××原有的宅基地影响到所在村进行的村庄规划。经三姐妹及其母亲同意扒掉了该三间土屋。王×玲所在村委在原宅基地及规划后的土地上为王×玲重新规划了宅基地，经村委协调由王×玲盖房院一处，同意三姐妹之母住至去世。王×玲盖房期间，王×菊、王×翠向其提供过经济帮助，后已偿还。2015年三姐妹之母去世后，王×菊、王×翠起诉请求确认王×玲所建房院一处为王×菊、王×翠、王×玲共同共有。

　　本案经××县人民法院作出一审判决，王×玲上诉××市中级人民法院二审裁定维持。一、二审法院认为王×菊、王×翠、王×玲及其母亲均同意翻建三间土屋，且翻建时被告认可原告给予过经济及物质帮助，因此，翻建后的房院所有权属于原告、被告及其母亲王高氏。王高氏去世后，其遗产应由原、被告三人依法继承，判决位于××县××镇××村四邻分别为东××、南××、西街、北××的房院一处由王×菊、王×翠、王×玲共同共有。

　　王×玲对原审判决不服，认为原裁判认定事实、适用法律存在错误，特提起再审申请。王×玲将怎样通过法律程序维护自己的权益？再审申请书怎么写？

📖 **实例阅读**

民事再审申请书

　　再审申请人（一审被告、二审上诉人）：周××，女，××××年×

月××日出生，汉族，城镇居民，住××市××路××号××号楼。

被再审申请人（一审原告、二审被上诉人）：王××，女，××××年×月××日出生，汉族，城镇居民，住××市××路××号××号楼。

再审申请人周××与被再审申请人王××因××××纠纷一案，不服××市中级人民法院于作出的（××××）××民终字第××号民事判决，再审申请人现依据《中华人民共和国民事诉讼法》第二百条第（二）项目、第（六）项之规定，向××省高级人民法院申请再审。

一、再审请求

1. 请求撤销××市中级人民法院（××××）××民终字第××号民事判决，依法再审；

2. 本案诉讼费用由被再审申请人承担。

二、申请事由

依据《中华人民共和国民事诉讼法》第二百条第（二）项："原判决、裁定认定的基本事实缺乏证据证明的"；第（六）项："原判决、裁定适用法律确有错误的"。

三、具体事实和理由

1. 申请事由一：符合《中华人民共和国民事诉讼法》第二百条第（二）项，其具体理由是：本案中的证据被再审申请人的颌面外伤不是再审申请人所致，一、二审法院认定再审申请人致被再审申请人颌面外伤是错误的。

（1）本案一审中被再审申请人提交的证人证言能够证实：在与再审申请人发生争执摔倒时，被再审申请人是仰面摔倒在地上；被再审申请人自称："躺在地上不能动"，与"被人推倒当即伤及头、鼻、面部"相矛盾。因此，被再审申请人是仰面摔倒躺在地上，其颌面外伤与再审申请人争执倒地没有关联性。

（2）本案中，被再审申请人是2015年9月25日摔倒后11时被救护车拉走，从摔倒地地点到××××医院的距离仅有5分钟的时间，而被再审申请人在该医院的首次病例记录却是13点30分，二者相距达2小时30分钟。患者亦自称："2小时前被人推倒"。如是与再审申请人发生争执导致被再审申请人颌面受伤，她必然在第一时间到医院医治，而不是在2个半小时后才医治。可见，被再审申请人颌面受伤是在2个半小时的中间另有原因，而不是与再审申请人发生争执摔倒造成的。

2. 申请事由二：符合《民事诉讼法》第二百条第（六）项。其具体理由：一、二审法院认定赔偿医疗费4900元、护理费××元为适用法律错误。

根据《最高人民法院关于审理人身损害赔偿案件适用法律若干问题的解释》第17条："受害人遭受人身损害，因就医治疗支出的各项费用以及因误工减少的收入，包括医疗费、误工费、护理费、交通费、住宿费、住院伙食补助费、必要的营养费，赔偿义务人应当予以赔偿。"该条规定明确了赔偿范围是因就医治疗支出的各项费用。本案中，依据被再审申请人的住院收费票据，在合计4900元的医疗费中，医保基金支付3000元，被再审申请人就医治疗支出的医疗费（包括账户支付和现金支付）只有1900元，没有支出的3000元不应在赔偿范围内。

根据《最高人民法院关于审理人身损害赔偿案件适用法律若干问题的解释》第21条第二款："雇佣护工的，参照当地护工从事同等级别护理的劳务报酬标准计算。"本案中，陪护机构收款收据没有参照同等级别护理的劳务报酬标准计算，导致数额过高，并且陪护机构收款收据不是法律认可的正式发票，应依法不予认定。

由此，本案一、二审法院关于"被再审申请人医疗费已报销未提供相关证据、即使已报销也不能减除赔偿责任，护理费证据合法合理"等认定明显是适用法律错误。

综上所述，再审申请人认为原一、二审判决认定事实、适用法律和法律程序均确有错误，严重损害了再审申请人的合法权益，请贵院明查并予以纠正。

  此致
××市中级人民法院

再审申请人：周××
××××年×月×日

附：

1. 民事再审申请书副本七份。

2. 再审申请人身份证复印件一份。

3. ××市××区人民法院（××××）×××××民初××××号民事判决书、××市中级人民法院（××××）××民终××××号民事判决书各一份。

📖 必备知识

一、再审申请书的概念

再审申请书是诉讼当事人对已经发生法律效力生效的判决、裁定，认为有错误的，向上一级人民法院或者原审人民法院（当事人人数众多或者当事人双方为公民的案件）申请再审的法律文书。

二、再审申请的意义

再审申请是法律赋予诉讼当事人、法定代理人、受害人的合法权利。它体现了我国社会主义司法工作依靠群众、发扬民主、有法必依、违法必究、有错必纠的原则。再审申请既维护了法律尊严，促使司法机关坚持真理、修正错误，又维护了再审申请人的合法权益，促使司法机关重新审判，减少乃至杜绝冤假错案的发生。

三、再审申请书的种类

与民事、刑事、行政诉讼相对应，再审申请书可以分民事、刑事、行政再审申请书三类。

四、再审申请书的特点

① 必须是由与所申请事件有利害关系的自然人、法人或者其他组织提出。

② 再审申请可以向原审人民法院（当事人人数众多或者当事人双方为公民的案件）或者原审人民法院的上一级人民法院提出。

③ 再审申请是对已经发生法律效力的判决书、裁定书、调解书不服才提出。

五、再审申请书的格式与写法

1. 再审申请书的基本格式

民事再审申请书

再审申请人（一审原告，二审上诉人）：姓名、性别、出生年月、民族、职业、住址。（再审申请人为单位的，应写明名称、单位地址，法定代表人姓名及职务）

被再审申请人（一审被告，二审被上诉人）：姓名、性别、出生年月、民族、职业、住址。

再审申请人与被再审申请人因××××纠纷一案，不服××市中级人民法院所作的（××××）××民终××××号民事判决（或者裁定），依据《中华人民共和国民事诉讼法》第二百条第×项之规定，向××省高级人民法院（××市中级人民法院）申请再审。

一、再审请求

1. _____。

2. _____。

二、申请事由

依据《中华人民共和国民事诉讼法》第二百条第×项：（具体法律条文内容）。

三、具体事实和理由

1. 申请事由一：符合《中华人民共和国民事诉讼法》第二百条第×项，具体理由如下：

_____。

2. 申请事由二：符合《中华人民共和国民事诉讼法》第二百条第×项，具体理由如下：

_____。

此致

××市中级人民法院（×××省高级人民法院）

再审申请人：×××

××××年×月×日

附：

1. 再审申请书副本×份。

2. 再审申请人身份证复印件×份。

3. ××市××区人民法院（××××）×××××民初××××号民事判决书、××市中级人民法院（××××）×××民终××××号民事判决书各×份。

2. 再审申请书的写法

再审申请书由首部、正文、尾部三部分组成。

（1）首部

① 标题　在再审申请书的顶端居中写明申请书的名称，如"再审申请书"或"民事再审申请书"、"行政再审申请书"、"刑事再审申请书"。

② 再审申请当事人的基本情况　再审申请人、被再审申请人是自然人的，写明其姓名、性别、年龄、出生年月、民族、职业、住址等自然情况。再审申请人、被再审申请人是法人或者其他组织的，应写明其名称、

地址，法定代表人姓名及职务。

再审申请人、被再审申请人有法定代理人或者委托代理人的，应写明其姓名、性别、职业、住所等；如果委托人是律师，只写其姓名、工作单位。

（2）正文

① 再审缘由　缘由应写明原审裁判的案由、原审裁判的法院及其法律文书的名称，以及不服原审裁判的意思表示，即写明再审申请人因什么案由不服人民法院作出的什么裁决而提出再审申请。一般表述为："再审申请人×××因与被再审申请人×××（关于）××××纠纷一案，不服××省××市中级人民法院于××××年×月×日作出的（××××）××民终××××号民事判决（或者裁定），现依据《中华人民共和国民事诉讼法》第二百条第×项、第×项之规定，向××省高级人民法院申请再审。"

② 再审请求　再审请求要明确、具体地写明再审申请人请求人民法院予以解决什么问题，给予怎样的改变处理，即写明提出再审申请所要达到的目的。如：撤销××省××市中级人民法院（××××）××民终××号民事判决（撤销××省××县人民法院（××）××××民初××号民事判决第一、二项），对本案立案再审，依法驳回被再审申请人的诉讼请求。

③ 申请事由　申请事由要写明再审请求依据且符合的民事诉讼法、或者刑事诉讼法、或者行政诉讼法的具体法律规定。如，依据《中华人民共和国民事诉讼法》第二百条第×项：（具体法律条文内容）、第×项：（具体法律条文内容）。

④ 具体事实和理由　具体事实和理由是申请事由的具体化，是再审申请书的核心部分，也是能够引起审判监督程序的重要依据，主要针对原判决、裁定的错误之处，从认定事实、适用法律和诉讼程序上的错误分别加以阐述，并提出有关证据材料和有关法律规定进行论证，以此来论证所提出的请求事项依法应当得到支持。

具体事实与理由要按照申请事由的顺序逐一书写，写明再审请求符合申请事由的具体案件事实。如："1. 申请事由一：符合《中华人民共和国民事诉讼法》第二百条第×项，具体理由如下：＿＿＿＿＿＿＿＿＿＿＿＿＿＿＿＿＿＿＿＿＿＿＿＿＿＿＿"。具体事实和理由书写时要从以下几个方面来考虑。

a. 陈述事实。具体事实与理由应全面真实、准确地反映事实，使受理的法院对案情事实有全面的了解。如果原裁判不是依据案件事实裁判的，也容易对照比较发现问题，从而提起审判监督程序的发生。

b. 列出证据。为了说明案件事实的客观性，具体事实与理由应将与再审申请相符的人证、物证、书证等证据明确列出具体说明，以利于人民法院正确地查明案件真实情况和认定案件性质。

c. 适用法律。具体事实和理由对法律的适用情况可作两方面说明：一是原裁判如果适用法律不当，应阐明应当正确适用的法律，援引法律条文时要准确、全面、具体；二是原裁判如果违反诉讼程序，应具体说明正确诉讼程序的法律规定。

（3）尾部　尾部依次写明下列事项。

① 写明致送的机关。正文后空两格写"此致"，另起一行顶格写"××省××市中级人民法院"或者"××省高级人民法院"

② 写明起诉人的姓名或者名称和日期，如"再审申请人：×××"；同时写明提交起诉状的时间，如"××××年×月×日"。

六、再审申请书与上诉状的区别

上诉状与再审申请书的目的相同，都是对原审法院的判决或裁定不服，要求人民法院纠正错误依法改判，但二者又有明显的区别。

① 上诉状是对未发生法律效力的判决、裁定不服而提起上诉，当事人提起上诉人的，原判决不发生效力；再审申请书是对已经发生法律效力的判决、裁定不服而提出再审申请。当事人申请再审的，不停止判决、裁定的执行。

② 当事人不服地方人民法院第一审判决（裁定）的，有权在判决书送达之日起十五日（十日）内提起上诉。当事人对已经发生法律效力的判决、裁定，认为有错误的，民事判决、行政判决应当在判决（裁定）发生法律效力后六个月内提出再审申请，刑事判决的再审申请没有时间限制。

③ 上诉状只能向上一级人民法院提出；再审申请书可以向上一级人民法院申请再审，也可以向原审人民法院申请再审（当事人一方人数众多或者当事人双方为公民的案件）。

七、再审申请书的写作要求

再审申请书是基于认为原裁判有错误，再审申请人为维护自身合法权益而进行的再审申请，再审申请书的写作要注意以下几个方面。

1. 分清楚主次，安排好层次

写再审申请书一般以先主后次为宜，把主要问题澄清了，次要问题便迎刃而解。再审申请实践中，可以先分别提出论点进行批驳，然后予以总括；也可以先总括理由，然后分别具体申述。

2. 陈述原裁判错误，应当再审

再审申请书要从案件事实、法律适用、审理程序等方面分析，分别陈述原裁判存在错误，符合法定规定的人民法院应当再审的情形。如，《中华人民共和国民事诉讼法》第二百条规定，当事人的申请符合下列情形之一的，人民法院应当再审：

① 有新的证据，足以推翻原判决、裁定的；

② 原判决、裁定认定的基本事实缺乏证据证明的；

③ 原判决、裁定认定事实的主要证据是伪造的；

④ 原判决、裁定认定事实的主要证据未经质证的；

⑤ 对审理案件需要的主要证据，当事人因客观原因不能自行收集，书面申请人民法院调查收集，人民法院未调查收集的；

⑥ 原判决、裁定适用法律确有错误的；

⑦ 审判组织的组成不合法或者依法应当回避的审判人员没有回避的；

⑧ 无诉讼行为能力人未经法定代理人代为诉讼或者应当参加诉讼的当事人，因不能归责于本人或者其诉讼代理人的事由，未参加诉讼的；

⑨ 违反法律规定，剥夺当事人辩论权利的；

⑩ 未经传票传唤，缺席判决的；

⑪ 原判决、裁定遗漏或者超出诉讼请求的；

⑫ 据以作出原判决、裁定的法律文书被撤销或者变更的；

⑬ 审判人员审理该案件时有贪污受贿、徇私舞弊、枉法裁判行为的。

3. 结合案件事实证据、法律法规申请再审

再审申请书根据不同情况据理反驳，或者根据案件事实进行陈述，或者提供确实充分的证据，或者引用应当适用的法律法规等进行客观性合法性的分析，提出纠正原裁判错误的请求。由人民法院自收到再审申请书之日起三个月内审查，符合本法规定的，裁定再审；不符合本法规定的，裁定驳回申请。

思考题

1. 再审申请书的含义和特点是什么？

2. 再审申请书有哪些写作要求？

3. 再审申请书与上诉状有什么区别？

第四节　答　辩　状

📩 **情境导入**

　　××××年×月×日,孙××在中国××银行股份有限公司××市××支行开户牡丹灵通卡并存入人民币××万元。×月×日,中国××银行股份有限公司××市××支行向孙××出具牡丹灵通卡历史明细清单,显示账户存款金额为人民币××万元。××××年×月×日,孙××要求支取该款却被告知"账户余额是零"。孙××向××市××区人民法院起诉要求中国××银行股份有限公司××市××支行支付存款本金××万元及其利息支付至付清之日。

　　中国××银行股份有限公司××市××支行认为孙××在中国××银行股份有限公司××市××支行开户牡丹灵通卡并存入人民币××万元属实。但是,孙××于×月×日委托江××将该款××万元全部汇给了江××,导致孙××账户没有任何存款。中国××银行股份有限公司××市××支行准备向人民法院提交一份答辩状。

　　你知道答辩状怎么写吗?

📩 **实例阅读**

民事答辩状

　　答辩人:刘××,男,××××年×月×日出生,汉族,住××县××街道××村××号。

　　被答辩人:王××,男,××××年×月×日出生,汉族,住××县××街道××村××号。

　　因被答辩人王××起诉被告白××和答辩人刘××民间借贷纠纷一案,答辩人答辩如下:

　　1. 被答辩人王××没有证据证明其诉称的5万元借款已履行,即被答辩人没有证据证明与白××之间的借款合同已生效。借款合同未生效,则保证合同不生效,答辩人没有保证责任。

　　2. 假如被答辩人王××有证据证明其诉称的5万元已履行且保证人承担

保证责任,则保证人的保证期间为借款履行期届满之日起六个月。在六个月的保证期间内,被答辩人未要求答辩人承担保证责任,保证人免除保证责任。

3. 被答辩人王××诉称"白××自愿以其所有的××县××街道××村3号楼1单元二楼西户楼房一套为财产担保(抵押)"。假如5万元借款已履行,原告应当先就该标的物实现债权,答辩人不承担保证责任。

4. 无论被答辩人诉称的5万元借款是否履行,无论保证人是否承担保证责任,被答辩人诉求的利息及滞纳金违反法律规定,依法不应认定。

由上,答辩人请求法庭依法驳回被答辩人王××对答辩人的起诉(或者诉讼请求)。

此致

××县人民法院

答辩人:刘××

××××年×月

附:

1. 民事答辩状副本两份。

2. 答辩人身份证复印件一份。

 必备知识

一、答辩状的概念

答辩状是被告或被上诉人针对原告或上诉人的起诉状或上诉状进行答复和辩驳的诉讼文书。答辩状在两种情况下提出:一是原告向第一审人民法院起诉后,被告就起诉状提出答辩状。二是案件经第一审人民法院审理终结后,一方当事人不服提起上诉,被上诉人就上诉状提出答辩状。

人民法院在收到起诉状(上诉状)以后,应当在规定的期限(五日)内将副本送达被告(被上诉人);被告(被上诉人)应当在收到起诉状(上诉状)之日起十五日内提出答辩状。被告(被上诉人)不提出答辩状的,不影响人民法院审理。

二、答辩状的作用

答辩状的作用主要有两个方面。

① 答辩人写答辩状的目的是回答、反驳对方诉状的诉讼请求,以减

轻或者免除自己的法律责任，通过答辩有助于维护答辩人的合法权益。

② 答辩人通过书写答辩状，便于法院兼听诉讼双方的要求和主张，更全面地了解案情真相，正确判断是非，以利于作出公正裁判。

三、答辩状的种类

答辩状分民事答辩状、行政答辩状和刑事自诉答辩状三种。

1. 民事答辩状

民事答辩状是指民事诉讼的被告收到原告的起诉状副本后，针对民事诉状的内容，提出的依据事实和理由进行回答和辩驳的诉讼文书。通过答辩状，被告可以充分阐明自己的观点和主张，还可以提出事实和证据证实自己的观点，用正确的事理驳斥错误的事理，以正确适用的法律条文校正引用不当的法律条文。

《中华人民共和国民事诉讼法》第 125 条规定：人民法院在立案之日起五日内将起诉状副本发送被告，被告应当在收到之日起十五日内提出答辩状。第 167 条规定：原审人民法院收到上诉状，应当在五日内将上诉状副本送达对方当事人，对方当事人在收到之日起十五日内提出答辩状。

2. 行政答辩状

行政答辩状是指行政诉讼的被告（行政机关或者复议机关）根据行政起诉状的内容，针对原告（行政行为相对人）提出的诉讼请求作出答复，并依据事实与理由进行回答和辩驳的诉讼文书。行政答辩状是一种应诉的意思表示，内容侧重于证明答辩人的行为行之有据且程序正当。

《中华人民共和国行政诉讼法》第 67 条规定：人民法院应当在立案之日起五日内，将起诉状副本发送被告。被告应当在收到起诉状副本之日起十五日内向人民法院提交作出行政行为的证据和所依据的规范性文件，并提出答辩状。

3. 刑事答辩状

刑事答辩状是指刑事自诉案件的被告人根据刑事自诉状的内容，针对自诉人提出的诉讼请求做出答复，并依据事实与理由进行回答和辩驳的诉讼文书。被告人为了更好地保护自身的合法权益，有利于人民法院全面了解案情以作出公正的判决，被告人要把握住陈述刑事自诉案件缺乏罪证的机会。

四、答辩状的特点

① 答辩人的特定性。答辩状必须由民事诉讼、行政诉讼、刑事自诉案件的被告或被上诉人提出。

② 写作时间上的规定性。答辩状必须是在法定期限（收到起诉状或上诉状 15 日）内提出。

③ 内容上的针对性。答辩状必须针对起诉状和上诉状的案件事实与理由进行答辩。

五、答辩状的基本格式与写法

1. 答辩状的基本格式

<h3 align="center">答辩状</h3>

答辩人：姓名、性别、出生日期、民族、职业、住址。
被答辩人：姓名、性别、出生日期、民族、职业、住址。
答辩人与被答辩人因××××纠纷一案，答辩如下：

一、＿＿＿＿＿＿＿＿＿＿＿＿＿＿＿＿。
二、＿＿＿＿＿＿＿＿＿＿＿＿＿＿＿＿。
三、＿＿＿＿＿＿＿＿＿＿＿＿＿＿＿＿。

综上所述，答辩人认为＿＿＿＿＿＿＿＿＿＿，请法院依法作出公正的判决。

　　此致
　　×××人民法院

答辩人：×××
××××年×月×日

附：
1. 答辩状副本×份。
2. 答辩人身份证复印件×份。

2. 答辩状的写法

答辩状一般由首部、正文、尾部组成。

（1）首部

① 标题　标题要标明答辩状的名称，一般写为"答辩状"或"民事答辩状"、"行政答辩状"、"刑事答辩状"。

② 当事人的基本情况

a. 答辩人（被答辩人）是自然人的，应写明姓名、性别、出生日期、民族、住址等。

b. 答辩人（被答辩人）是法人或其他组织的，应写明名称、地址、法定代表人（或者主要负责人）姓名、职务等。

c. 答辩人有法定代理人或者委托代理人的，应写明其姓名、性别、职业、住所等。如果委托人是律师，只写其姓名、工作单位。

（2）正文

① 案由　案由主要写明答辩人与被答辩人因什么法律纠纷对答辩人起诉或者上诉而提出答辩。

一审答辩状一般表述为："因被答辩人×××诉答辩人×××（关于）××××纠纷一案，答辩人现提出答辩如下"，或写为："答辩人于××××年×月×日收到××人民法院送达的被答辩人因××纠纷起诉答辩人的起诉状，现依法答辩如下"。

二审答辩状一般表述为："因被答辩人×××不服原审法院判决而提起上诉一案，答辩人现提出答辩如下"，或表述为："答辩人于××××年×月×日收到××人民法院送达的被答辩人×××提起上诉的上诉状，现提出答辩如下"。

② 答辩事由　这是答辩状的核心部分，要针对对方起诉状或上诉状的诉讼请求，充分地阐明答辩人对案件的主张和理由。

答辩事由要根据双方在案件中的争执焦点，针锋相对地进行驳辩；用案件事实、证据材料和法律事由论证答辩人主张的正确性、合法性，否定起诉人、上诉人诉讼请求的错误与不当；答辩事由也可以以诉讼程序为理由，证明被答辩人的起诉、上诉不符合法律规定的起诉条件或者被答辩人不具备诉讼主体资格，从而反驳起诉人或上诉人的起诉或者上诉。

在法律诉讼实践中，答辩状的答辩观点主要有以下两种。

a. 承认对方的诉讼请求。答辩人表示愿意接受起诉人或者上诉人提出的实体权利请求。当然，被告或者被上诉人答应对方的诉讼请求，通常只是部分答应或附条件地答应。

b. 反驳对方的诉讼请求。答辩人反驳对方的诉讼请求主要从事实上、适用法律上和诉讼程序上进行辩驳，目的是被答辩人的诉讼请求没有事实与法律依据。

③ 答辩请求　答辩人在充分阐明答辩事由的基础上，明确提出答辩结论。如果起诉状或上诉状的诉讼请求有事实与法律依据，答辩人应请求人民法院依法做出判决或裁定；如果起诉状或上诉状的诉讼请求没有事实与法律依据，答辩人应请求人民法院判决或裁定驳回上诉人的诉讼请求或者上诉请求。

（3）尾部

① 写明致送机关。正文后空两格写"此致"，另起一行顶格写"××县人民法院"或者"××市××区人民法院"，或者"××市中级人民法院"。

② 写明答辩人的姓名或者名称和日期，如"答辩人人：×××"；同时写明提交起诉状的时间，如"××××年×月×日"。

六、答辩状的写作要求

1. 答辩应具有客观性、针对性、中肯性

所谓客观性，是指一定要遵循实事求是的原则，根据案件事实与相关证据进行答辩，不空发议论，不强词夺理。所谓针对性，是指在制作答辩状时，一定要认真研究起诉状或者上诉状，抓住被答辩人起诉或上诉的要害问题进行答辩。所谓中肯性，指在反驳时注意摆事实、讲道理，答辩事由要合理合法，要实事求是，避免生硬武断蛮不讲理。

2. 答辩要运用逻辑推理来阐述答辩事由

答辩人答辩时通常使用形式逻辑中三段论的方法进行阐述。首先，指出被答辩人在起诉状、上诉状中的事实错误与法律错误，提出自己的答辩论点。其次，列举出客观事实、确凿的证据体系、恰当的法律依据，作为答辩论点的论据；最后，运用逻辑推理的方法，论证对方的错误，说明被答辩人的诉讼请求不成立的答辩结论。

运用逻辑推理的方法进行答辩，要求做到：一是要尊重客观事实，有理有据；二是要抓住关键，即抓住争执的焦点，抓住影响胜诉与败诉的关键问题进行反驳；三要尖锐犀利，抓准起诉状或上诉状中的"破绽"，做到语义中肯，切中要害。

思考题

1. 答辩状的种类及其意义是什么？
2. 答辩状的基本格式是怎样的？
3. 答辩状的案由一般怎么表述？

第五节 反 诉 状

 情境导入

××××年×月×日，位于××市××区A公司与位于××县的B

公司签订了《纳米喷镀机买卖合同》，购买B公司生产的纳米喷镀机2台。合同签订后，A公司向B公司支付了纳米喷镀机2台的定金20000元后，B公司向A公司发送了纳米喷镀机2台。A公司收到纳米喷镀机后认为质量不合格，不具备产品性能，要求B公司退货、返还货款并赔偿经济损失。B公司认为提供的产品质量合格，具备产品性能，A公司应全额支付货款。双方协商不成，A公司将B公司起诉到法院后，B公司要提起反诉，要求A公司支付欠付的纳米喷镀机余款80000元及其利息。

在这种情况下，被告B公司将如何提起反诉，通过法律程序维护自己的权益呢？

实例阅读

民事反诉状

反诉原告（本诉被告）：××市××区××街道办事处××居民委员会。

法定负责人：张××，主任。

反诉被告（本诉原告）：××××物业服务有限公司，地址：××市××区××街××号。

法定代表人：梁×，董事长。

反诉请求：

1. 确认反诉被告从××年×月×日起对反诉人物业不具有管理权，无权向反诉原告收取物业管理费用。

2. 反诉被告撤离反诉原告××小区，并向反诉原告交回物业管理公共设施。

3. 本案诉讼费用由反诉被告承担。

事实和理由：

××××年×月×日，反诉原告与反诉被告签订《物业管理委托合同》，委托反诉被告管理反诉原告所属××小区。该《物业管理委托合同》第五条约定："委托管理期限为1年，自××××年×月×日至××××年×月×日"。第十五条约定："合同期满本合同自然终止，如双方续订合同，应在该合同期满30日前向对方提出书面意见，由双方重新签订合同"。《物业管理委托合同》执行期间，反诉被告在物业管理方面一直没有完全按合同服务项目履约。《物业管理委托合同》到期后，反诉原告没有与反诉被告续签《物业管理委托合同》，反诉被告于××××年×月×日对××小区的物业管理已终止，反诉被告无权收取反诉人的物业管理费。

反诉原告为了维护自身合法权益特提出反诉，请求贵院依法予以支持。

   此致

  ××市××区人民法院

      反诉原告：××街道办事处××居民委员会

         ××年×月×日

附：

1. 民事反诉状副本两份。

2. 反诉原告法定代表人证明书、法定代表人身份证复印件各一份。

3.《物业管理委托合同》一份。

必备知识

一、反诉状的概念

反诉状是民事诉讼案件的被告或刑事自诉案件的被告人，在诉讼过程中为维护自身的合法权益，对民事原告或刑事自诉人的起诉提出独立诉讼请求的起诉状。

二、反诉状的种类

反诉状只适用于民事诉讼案件和刑事自诉案件，包括民事反诉状和刑事反诉状两类。行政案件中被告是行政机关、复议机关，诉讼针对的是行政机关的具体行政行为是否合法的问题，因此行政机关不能成为反诉的主体，不存在反诉。

三、反诉状的特点

反诉状具有以下几个特点。

1. 反诉当事人的特定性

反诉原告必须是民事诉讼案件的被告或者刑事自诉案件的被告人。反诉实际上是变更原诉当事人的诉讼地位，本诉原告变为反诉被告，本诉被告变为反诉原告。反诉与本诉并存于同一诉讼程序之中，使双方当事人都同时居于原告与被告的双重诉讼地位。

2. 反诉内容的针对性

反诉的内容必须是与民事原告或刑事自诉人提起的本诉针锋相对且属于同一法律关系，即反诉状中的诉讼请求必须与本诉诉讼请求在事实和法律上有牵连关系。

3. 受理法院的定向性

反诉状必须向受理本诉的法院提交，属于受理本诉的法院管辖，与本诉一起审理。

4. 时间的限定性

反诉必须在本诉提起以后，法庭辩论终结以前提出。如果不在这个期间内提出，法院就无法进行合并审理，反诉也就失去了法律意义。

四、反诉状的作用

① 反诉状体现了法律平等保护当事人双方诉权的立法原则，有利于维护当事人的合法权益。

② 人民法院通过受理反诉，反诉与本诉一并审理，可以贯彻诉讼经济原则，节约诉讼资源。

五、反诉状的基本格式与写法

1. 反诉状的基本格式

反诉状

反诉原告（本诉被告）：姓名、性别、出生日期、民族、住址。
反诉被告（本诉原告或本诉自诉人）：姓名、性别、出生日期、民族、住址。
反诉请求
1._____。
2._____。
事实与理由

_____

_____。
　　　　　此致
　　××市××区人民法院

　　　　　　　　　　　　　　　　反诉原告：×××
　　　　　　　　　　　　　　　　×××年×月×日

附：
1. 反诉状副本×份。
2. 反诉原告身份证复印件×份。
3. 反诉证据×份。

2. 反诉状的写法

反诉状一般由首部、正文、尾部三部分组成。

（1）首部

① 标题 标题要标明书状的名称，一般写"反诉状"或者"民事反诉状"、"刑事反诉状"。

② 当事人的基本情况

a. 反诉原告和反诉被告后应注明其在本诉中的诉讼地位，如"反诉原告（本诉被告）"、"反诉被告（本诉原告）"。

b. 反诉原告和反诉被告是自然人的，应写明姓名、性别、出生日期、民族、住址等。

c. 反诉原告和反诉被告是法人或者其他组织的，应写明单位名称、地址，法定代表人（或者主要负责人）的姓名、职务。

d. 反诉原告和反诉被告有法定代理人、委托代理人的，写明其姓名、性别、出生日期、住所等。如果委托代理人是律师，只写其姓名、工作单位。

（2）正文

① 反诉请求 反诉请求部分相当于起诉状中诉讼请求部分，反诉请求是反诉原告基于与本诉诉讼请求相同的法律关系，而向反诉被告提出的独立的诉讼请求。反诉请求有多个的，应当分项列出。

② 事实和理由 反诉的事实和理由是反诉原告提出反诉请求所依据的事实基础和法律根据，是反诉状的核心内容。事实与理由应针对本诉，提出本诉原告侵犯反诉原告合法权益的事实以及相关理由和证据，对与当事人争议有联系的关键情节要阐述得详尽、清楚，并提出相关证据材料予以证明。

（3）尾部

尾部应写明以下内容。

① 致送法院的名称。在正文后另起一行空两格写"此致"、下一行顶格"×××人民法院"。

② 反诉原告签章和反诉日期。如，"反诉原告：×××"，下方写"××××年×月×日"。

六、反诉状与答辩状的区别

答辩状是被告针对原告起诉的回答和辩解，反诉状是反诉原告（本诉被告）对反诉被告（本诉原告）提起的起诉。答辩状以辩驳为主旨，通过反驳和辩解，驳倒原告所提事实及诉讼请求，使原告诉讼请求不能得到支持。反诉状则是被告反诉原告，是对原告或自诉人的起诉提出相反的独立近讼请求，目的在于抵消或吞并本诉原告的诉讼请求的一种独立的反诉请求，它具有起诉的性质。

七、反诉状写作注意问题

① 只有本诉的被告才能提起反诉，反诉的对象是本诉的原告。

② 反诉的提起必须以本诉的存在为前提条件，如果没有本诉，反诉就无从谈起。

③ 反诉的目的在于吞并、抵消原告提出的诉讼请求，而且只能在一审法庭辩论结束前提出。

④ 反诉只能向受理本诉的人民法院提出，属于受理本诉的人民法院管辖。

⑤ 反诉有其独立性，反诉提出之后，如果本诉撤诉，不影响反诉的继续审理。

⑥ 反诉应提出独立的诉讼请求，要利用与本诉相反或相对的事实和理由来进行论证。

思考题

1. 反诉状有哪些特点？
2. 反诉状与答辩状有什么区别？
3. 反诉状的基本格式是怎样的？

第六节　劳动仲裁申请书

情境导入

王××于2010年9月1日入职××市××××有限公司，一直从事机械加工工作。在王××工作期间，该公司为其发放的工资数额低于当地最低工资标准，未依法为韩××缴纳社会保险。为此，王××曾多次找到公司，要求公司增加工资标准、缴纳社会保险，均遭到公司拒绝。现该公司无故辞退了王××。王××决定通过法律维护自己的权益，他欲向××市××区劳动争议仲裁委员会申请劳动仲裁申请。

你知道如何书写劳动争议仲裁申请书吗？

 实例阅读

劳动仲裁申请书

申请人：李××，女，××××年×月×日出生，汉族，住××市××街道办事处××小区×号楼×单元×楼×户。

被申请人：××市××××医院。地址：××市××路××号。

法定代表人：梁××，经理。

仲裁请求：

1. 确认申请人与被申请人自××××年×月×日至××××年×月×日存在劳动关系。

2. 被申请人向申请人支付未签订劳动合同工资人民币××××元。

3. 被申请人向申请人支付经济补偿金人民币××××元。

4. 被申请人为申请人办理劳动关系档案转移手续。

事实与理由：

××××年×月×日至××××年×月×日，申请人在被申请人处近视防控室工作，与被申请人建立劳动关系。申请人在被申请人处工作期间，被申请人未与申请人签订劳动合同，未为申请人缴纳社会保险。××××年×月×日，被申请人对申请人违法处罚、违法解除劳动关系。申请人为维护自身合法劳动权益，现诉至贵委敬请依法支持仲裁请求。

此致

××市××区劳动争议仲裁委员会

申请人：李××

××××年×月×日

附：

1. 劳动仲裁申请书副本两份。

2. 申请人身份证复印件一份。

3. 银行卡交易明细（工资）清单复印件一份。

必备知识

一、劳动仲裁申请书的概念

劳动仲裁申请书即劳动争议仲裁申请书，是发生劳动争议的当事人为

维护自己合法权益，依法就劳动争议事项向劳动人事争议仲裁委员会提出仲裁申请的法律文书。

劳动争议，是指用人单位与劳动者之间因劳动权利义务关系发生的争议。中华人民共和国境内的用人单位与劳动者发生的下列劳动争议，当事人可以申请劳动仲裁：因确认劳动关系发生的争议；因订立、履行、变更、解除和终止劳动合同发生的争议；除名、辞退和辞职、离职发生的争议；工作时间、休息休假、社会保险、福利、培训以及劳动保护发生的争议；劳动报酬、工伤医疗费、经济补偿或者赔偿金等发生的争议；法律、法规规定的其他劳动争议。

二、劳动仲裁申请书的写法

劳动仲裁申请书一般由首部、正文、尾部三部分组成。

1. 首部

（1）标题　标题要写明申请书的名称，具体写"劳动仲裁申请书"或"劳动争议仲裁申请书"。

（2）申请人和被申请人的基本情况

① 写明申请人信息，包括：姓名、性别、出生日期、住所等。

② 写明被申请人信息，包括：名称、住址、法定代表人姓名（或者主要负责人）的姓名、职务等。

③ 有委托代理人的，写明其姓名、性别、出生日期、民族、住所；委托代理人是律师的，写明其姓名和工作单位。

2. 正文

（1）仲裁请求　写明申请劳动仲裁所要达到的目的和要求，如确认存在劳动关系、支付加班工资、支付经济补偿金、支付违约金、办理劳动关系档案转移手续等。请求事项应当写得明确具体、符合法律规定。

（2）事实和理由　"事实与理由"是申诉书的主体部分，是内容的重点，也是向仲裁委员会提出请求事项的根据。事实与理由包括如下内容。

① 陈述事实　陈述事实是指写明劳动者与用人单位产生劳动争议的事实或者用人单位侵犯劳动者劳动权益的事实及其证据。其具体内容包括：劳动争议双方当事人劳动关系的的建立、履行、变更甚至解除劳动关系的过程；劳动关系存在期间双方产生劳动争议的的发生、发展过程；双方劳动争议的焦点和实质内容等。

劳动仲裁申请书中的陈述事实应当做到：要写得具体清楚，不要抽象空洞；要实事求是，不要夸大缩小；要把关键情节交代清楚，不要含糊其辞；要有理有据，不要捕风捉影；要心平气和地摆事实，不要刻薄挖苦。

② 说明理由　在讲清楚劳动争议事实之后，分析劳动争议的性质、结果及责任，提出仲裁请求所依据的法律条款，以论证请求事项符合法律规定，依法应予支持。说明理由应当做到：讲道理，不强词夺理；提供证据，不空口无凭；有针对性地引用法律条款，不凭单方主观臆断。

3. 尾部

① 结束语"此致"，相当于一个独立段落，在正文后另起一行空两格书写。

② 致送劳动争议仲裁委员会的名称，如"×市××区劳动人事争议仲裁委员会"，在"此致"后另起一行顶格书写。

③ 落款。写明申请人的姓名、日期，如"申请人：×××"；同时写明提交申请书的时间，如"××××年×月×日"。

④ 附项。写明申请书副本份数；写明申请书所涉证据的证据名称及其份数。如"劳动仲裁申请书×份"、"劳动合同书复印件×份"等。

三、劳动仲裁申请书的基本格式

劳动仲裁申请书

申请人（劳动者）：姓名、性别、出生日期、民族、住所。

被申请人（用人单位）：名称、住所。

法定代表人姓名（或者主要负责人）：姓名、职务。

申请事项：

1.＿＿＿＿＿＿＿＿＿＿＿＿＿＿＿＿＿。

2.＿＿＿＿＿＿＿＿＿＿＿＿＿＿＿＿＿。

3.＿＿＿＿＿＿＿＿＿＿＿＿＿＿＿＿＿。

（写明申请劳动仲裁所要达到的目的和主张）

事实与理由：

＿＿＿＿＿＿＿＿＿＿＿＿＿＿＿＿＿＿＿＿＿＿＿＿＿＿＿＿

＿＿＿＿＿＿＿＿＿＿＿＿＿＿＿＿＿＿＿＿＿＿＿＿＿＿＿＿＿＿＿

＿＿＿＿＿＿＿＿＿＿＿＿＿＿＿＿＿＿＿＿＿＿＿＿＿＿＿。

（写明申请人与被申请人建立劳动关系和产生劳动争议纠纷的案件事实，以及被申请人违反劳动法律法规侵犯劳动者权益、应当依法保护劳动者权益的法律依据。）

此致
×××劳动争议仲裁委员会

申请人：×××
××××年×月×日

附：

1. 劳动争议仲裁申请书副本×份。
2. 申请人身份证复印件×份。
3. 劳动争议证据×份。

四、劳动仲裁申请书写作注意问题

1. 实事求是，分清是非

应坚持实事求是，严格忠于事实真相。在实事求是地叙述案情事实的基础上，分清是非，明确责任，分析被申请人的行为如何侵犯劳动者权益，根据事实和法律应承担什么法律责任等。

2. 有法可依，以理服人

要坚持摆事实、讲道理，而不能谩骂攻击、以势压人。特别要注意以法律作为依据，注意准确恰当地援引法律条文进行论证，阐明自己主张的合法性。

3. 层次分明，详略得当

要注重表述的条理性、层次性、简练性。劳动仲裁申请书内容安排上还要做到突出重点，详略得当。关键性的问题要说清说透，枝节问题、次要问题则可写得概略一些。

思考题

1. 劳动仲裁申请书有哪些基本格式？
2. 写作劳动仲裁申请书应注意哪些问题？
3. 试为本节案例中的王××写一份劳动仲裁申请书。

参 考 文 献

[1] 陈子典，胡欣育．应用文写作．北京：北京师范大学出版社，2011．

[2] 赵平祥，史钟锋．财经应用写作．北京：中国科学技术出版社，2003．

[3] 杨文丰．现代应用文书写作．北京：中国人民大学出版社，2011．

[4] 范瑞雪，刘召明．财经应用文写作．北京：经济科学出版社，2005．

[5] 马永飞．应用文写作．北京：北京师范大学出版社，2013．

[6] 刘孟宇，萧德明．公文文书写作．北京：中国人事出版社，1991．

[7] 杨国春．公务员实用文书写作．北京：警官教育出版社，2003．

[8] 曾昭乐．现代公文写作．广州：中山大学出版社，2005．

[9] 裘樟鑫，黄加平．新农村应用文．杭州：浙江工商大学出版社，2012．

[10] 金常德．农村常用应用文写作．北京：金盾出版社，2009．

[11] 唐文．农村应用文．成都：四川辞书出版社．2008．

[12] 王芳．应用文写作：北京：化学工业出版社，2015．

[13] 刘晓娟．应用文写作：北京：化学工业出版社，2011．

[14] 陈火胜．应用文写作：北京：化学工业出版社，2009．